Merci à Charlotte et Quentin pour leur intercession.

La citation de Larry Kramer est traduite par
Mr Charles Recoursé

Ce texte a été composé en CANDIDA.

Le nouvel Attila
127 avenue Parmentier, 75011 Paris
www.lenouvelattila.fr

Martin Page

AU-DELÀ DE LA PÉNÉTRATION

Le nouvel Attila

*Je pensais qu'avec nos corps nous
pourrions construire un chemin
pour que nos mots l'empruntent.*
Jean Hegland

*I don't want dick tonight
Eat my pussy right*
Lil' Kim

*Il s'agit tout simplement de mettre
plus de beauté dans ce monde :
plus en nous-mêmes, plus dans notre regard.*
Maïa Mazaurette

On regarde autour de soi, on observe nos vies et on constate que certaines choses nous ont toujours été données pour normales. Personne ne les remet en cause. Elles sont *naturelles*, ce qui semble être le mot magique pour justifier une paralysie de l'esprit.

Nos idées sont rangées sur des étagères, elles font partie du décor, on n'y prête pas vraiment attention et pourtant certaines nous oppressent. Mais comme nous sommes bien éduqués à ne pas être libres, nous ne remarquons pas ce poids sur nos épaules qui nous entrave.

Et si nous écartions ces idées ? En raison de la douleur qu'elles infligent parfois, mais aussi par simple goût pour la désobéissance, par pure joie et attirance pour l'aventure ? C'est un bonheur de déranger le monde, ça soulève de la poussière et ça fait trembler le sol. On peut ensuite amorcer des danses.

Tout commence par ce qui ressemble à une bonne nouvelle. Nous héritons de la sexualité comme nous héritons d'une maison en béton armé. C'est une aubaine, nous n'allons pas refuser ce cadeau, nous nous y glissons, bien contents (ça semble solide), bien rassurés aussi de vivre là où nos parents et nos ancêtres vivaient. Nous reprenons leurs gestes, nous habitons leurs positions et leurs actions, c'est une manière de continuer à tisser un lien et à être avec eux. Ces gestes nous sont précieux, nous les avons reçus. Nous poursuivons un mouvement immémorial.

De temps en temps, nous apportons des variations à la norme sexuelle, de nouvelles positions, suggérées par les livres, les journaux et les films, par nos camarades. Mais au final c'est comme si nous avions simplement ajouté une extension à la maison héritée de nos parents. L'aventure piétine. Rien ne change vraiment, les murs en béton sont toujours là. Malgré les titres des magazines et des sites internet, rien de nouveau sous le soleil. Troublante particularité du sexe : nous faisons mine de croire à la subversion, nous prenons des airs amusés et excités, mais le conservatisme règne, nous répétons ce dont nous avons hérité, sagement nous reproduisons les mêmes chorégraphies. La sexualité a cet étrange pouvoir de donner une apparence provocante et branchée au conformisme et à l'obéissance aux normes sociales les plus éculées et coercitives.

La société bruisse de conversations sur le sexe, et pourtant on n'en dit rien de nouveau. Évoquer la sexualité hétérosexuelle en dehors des clichés est rare et compliqué.

Ainsi la pénétration règne en maître. Elle passe pour *naturelle*. Personne ne la voit comme socialement construite. Après tout, les animaux se pénètrent, les mâles pénètrent les femelles, les mâles pénètrent les mâles. C'est la marche du monde. Plaisir et reproduction nous y incitent, la nature et la culture nous y invitent. Nous faisons aussi pénétrer des aliments dans notre bouche. Le corps est donc bien ce lieu où nous faisons entrer des choses et dont d'autres choses sortent. Pourquoi remettrait-on en cause cette circulation, ce statut d'échangeur autoroutier de notre anatomie ?

Il y a une verge, il y a un vagin, l'être humain est logique, il décide de les emboîter. Il voit un clou : il tape dessus avec un marteau.

Si les humains ont découvert que, malgré leurs jambes, ils peuvent s'asseoir et méditer, qu'ils ont donc la capacité de *ne pas marcher*, ils ont en revanche du mal à voir qu'en dépit de tout l'attirail disponible pour la pénétration, ils peuvent *ne pas pénétrer*, et même en retirer du plaisir et de la pensée.

Je crois qu'on peut espérer mieux de cette espèce animale si certaine de sa nature inaltérable et de ses évidences. Après tout, il lui arrive de contourner le mur qu'elle se donne pour réel (c'est le cas ces derniers temps avec la croissance économique, le viandisme, le capitalisme, ou ces pratiques d'un autre âge qui consistent à : ne pas se déchausser en entrant dans une maison, mettre du sucre dans son café ou de la crème Chantilly sur ses tomates). Elle fait parfois montre d'une certaine capacité à remettre en cause ses croyances les plus ancrées. Alors soyons optimistes.

Je dois être honnête. J'écris ce texte critique à l'égard de la pénétration et pourtant j'aime ça.

J'aime l'acte de pénétrer. J'en retire un grand plaisir. C'est très ohmondieuwaouwawaaa.

Aimer un acte n'empêche pas de le questionner et de le critiquer. L'esprit ne devrait pas s'emparer seulement des déplaisirs, sinon il manque des cibles importantes. Critiquons nos plaisirs et nos joies, critiquons nos orgasmes et nos bonheurs, il y a là aussi des prisons et des pièges. C'est évidemment à des femmes que je dois ce désir de penser la pénétration. Ce sont leurs mots et leurs réactions qui m'ont fait prendre conscience qu'il y avait matière à réflexion.

La pénétration a tout pour plaire, cet emboîtement bien pratique rappelle les jeux de construction. C'est tellement évident. L'être humain aime l'ordre, il range, on l'a éduqué à ça, après tout il fait des puzzles depuis qu'il a dix-huit mois. Et quel plaisir, n'est-ce pas ? Du plaisir pour celui qui pénètre ? La plupart du temps. Du plaisir pour celle qui est pénétrée ? Moins souvent.

Parler sexualité n'est pas aisé. Ou plutôt, seul *un* discours semble possible : c'est forcément plaisant et excitant. Aussi, évoquer des désagréments causés par les relations intimes, ou l'absence d'envie pour une pratique, n'est pas évident. On ne sonne pas au diapason contemporain. À tel point que ne pas jouir, ne pas bien jouir, ne pas jouir assez, ne pas avoir le désir de jouir (pendant un temps ou tout le temps), donnent le sentiment, chez les hétérosexuels au moins, d'être en faute. Ce n'est pas très cool. Ne pas baiser (parce qu'on est asexuel, par exemple, ou parce qu'on n'a pas des besoins importants, pour mille raisons en fait) est honteux. Autant dire que « mal baiser » (c'est-à-dire différemment) ou baiser en ayant mal, ou en souffrant d'un handicap n'est pas audible non plus.

Je me souviens d'un dîner chez un couple d'amis (appelons-les Jeanne et Serge). J'évoquais mon envie (alors encore très abstraite) d'écrire un texte sur la pénétration quand Jeanne a dit qu'elle pensait que pas mal de femmes se passeraient bien de cette pratique. Serge et moi sommes restés bouche bée, interloqués, curieux, comme les deux mâles idiots que nous sommes trop souvent.

J'ai abordé la question de la pénétration avec d'autres amies et j'ai compris que le rituel n'est pas forcément simple, que les femmes ont un point de vue différent, plus complexe que les hommes sur la question. Elles ont beaucoup de choses à dire si on est prêt à les écouter. Être un mec c'est souvent prendre notre point de vue dominant pour le règne naturel des choses. On devrait toujours se sentir un peu méfiant d'être un mec et admettre qu'il est temps de jouer contre notre camp, et de remettre en cause nos évidences.

J'ai continué mon enquête, j'ai posé des questions et j'ai écouté.

Des femmes m'ont parlé de douleurs et d'inconfort. Parfois la pénétration trop précoce (car on parle d'éjaculation précoce, mais qui parle de pénétration précoce ?) n'a pas laissé le temps à la lubrification et au désir de s'installer. Parfois la lubrification naturelle n'est pas assez importante, un gel en complément serait nécessaire, mais là encore le geste d'acheter du lubrifiant n'est pas simple pour tout le monde. Je connais des personnes qui en déposent des flacons dans leur caddie de supermarché comme ils mettraient de la salade ou du shampoing. Pour d'autres c'est plus compliqué. Une amie m'a raconté qu'elle avait mis du temps à évoquer la nécessité d'un gel lubrifiant avec son partenaire, car elle avait honte de ne pas assez mouiller et d'utiliser une aide (cela pourrait être vécu comme l'équivalent, pour un homme, d'avoir recours à du Viagra sans être vieux). Elle se sentait en faute. Pas normale, pas à la hauteur. Pas assez désirable, pas assez désirante. Il est plus que temps de se débarrasser de cette culpabilité et d'écrire des odes aux gels lubrifiants (et de les trouver partout, dans tous les magasins, dans les boulangeries, les bureaux de poste, les fleuristes, les cafés, les librairies), qu'ils deviennent normaux et joyeux. Écharpons une fois pour toutes l'idée moralement répressive que « ce n'est pas naturel. » On pourrait dire la même chose concernant les sex toys : difficile de comprendre pourquoi leur usage n'est pas plus accepté et répandu, pourquoi on n'en trouve pas partout (là encore, certains critiquent les sex toys parce que « ce n'est pas naturel, on n'a pas besoin d'instruments pour faire l'amour ! » et d'ailleurs, ils n'utilisent jamais aucun outil, ils mangent sans fourchette ni couteau par exemple, ne portent pas de lunettes, ni de chaussures, ni aucun habit, ils écrivent sans stylo ni ordinateur, mais avec leurs doigts directement sur des plaquettes d'argile).

L'anxiété, la fatigue, des maladies physiques, le souvenir de relations sexuelles passées peu satisfaisantes, une agression sexuelle, la pression, l'angoisse de performance peuvent conduire à une pénétration douloureuse. Les microdéchirures, les blessures, les mycoses, les infections sont aussi une réalité.

Et parfois, tout simplement, des femmes n'aiment pas particulièrement ça, elles ne ressentent pas le plaisir incroyable qu'on leur intime de ressentir lors de cet acte. Elles ne souffrent de rien, pas de blessures, pas de peur, tout simplement ce n'est pas le truc le plus intéressant pour elles en matière de sexualité. C'est juste sympa, voire sans intérêt. Elles préfèrent le cunnilingus avec des caresses, une légère pénétration digitale, le contact d'un vibromasseur ou d'un aspirateur à clitoris. Elles aimeraient d'ailleurs que leur partenaire soit plus expert dans le maniement de la langue et des doigts.

Des amies me racontent qu'elles pourraient se passer de la pénétration pour un temps ou pour toujours. Mais elles la subissent quand même pour correspondre à la norme : il faut en passer par là. Elles n'ont pas envie de décevoir leurs compagnons et amants. Et puis certaines de leurs copines parlent de leurs fantastiques orgasmes vaginaux (en fait : ce sont des orgasmes clitoridiens ; on voit que l'erreur de Freud — la distinction fallacieuse entre orgasme clitoridien, vu comme « infantile », et vaginal, vu comme complet et mature — fait encore des dégâts, mais Freud n'est pas seul responsable, il était au diapason de l'époque, la sexualité féminine a été caricaturée par l'ensemble du corps médical jusqu'à très récemment, et encore maintenant)… donc, forcément, celles qui n'ont pas ces orgasmes ont un problème, non ?

Certaines femmes acceptent aussi les relations anales alors même qu'elles n'en ont pas envie. C'est tendance, donc elles se sentent conservatrices et culpabilisent de refuser un plaisir désiré par leur partenaire. Punaise de cannelle de térébenthine, quelle tragédie.

La compétition, la performance, le benchmarking, la comparaison irriguent le discours (masculin et féminin) sur la sexualité. Et blessent et humilient.

Parfois la pénétration n'est tout simplement pas possible, ou elle est douloureuse ou compliquée. Parce que le corps la refuse (pour des raisons psychologiques, pour cause de vaginisme, à cause d'un viol, parce qu'un accouchement a eu lieu il y a peu, par manque d'envie), parce que l'homme a des problèmes pour bander (pour des raisons psychologiques ou physiologiques, parce qu'il souffre d'un cancer de la prostate, parce qu'il a peur d'entrer dans le corps de quelqu'un d'autre, qu'il est intimidé, fatigué, parce qu'il préfère d'autres pratiques).

Une amie me racontait que le problème de la pénétration vaginale c'est qu'elle impliquait forcément contraception et que cela *coûtait* aux femmes. Une charge mentale de plus, une responsabilité, un truc auquel penser. Et puis ça avait des conséquences : la pose d'un DIU (« dispositif intra-utérin », qui remplace le mot peu approprié de « stérilet ») peut-être douloureuse, il faut prendre rendez-vous chez un gynéco (et ce n'est pas toujours complètement remboursé), les pilules aux hormones signifient un risque accru d'accidents vasculaires, de sécheresse vaginale, de perte de libido, sans parler de la pilule du lendemain et du stigmate qui y est attaché. Il y a risque de déchirement du préservatif, et donc peur de tomber enceinte ou de contracter une infection ou maladie sexuellement transmissible (à noter que le sexe oral comporte aussi des risques ; pour se protéger trois solutions : capotes, digues dentaires ou lingerie type Lorals). La pénétration, car elle implique une contraception et des risques, coûte cher aux femmes, dans tous les sens du terme.

La question est : y a-t-il des pratiques obligatoires ? Si dans un couple, la pénétration (ou toute autre pratique sexuelle) n'était pas (ou plus) possible (ou pas ou plus souhaitée), est-ce que ce serait vraiment une tragédie ? Si ma compagne ne veut plus être pénétrée, si mon compagnon ne bande plus, est-ce forcément la fin du désir et du plaisir ? Ou bien est-ce l'occasion d'être créatifs ? J'ai l'impression qu'on perd de vue une réalité : la sexualité n'est pas limitée à un organe et à un geste. Elle peut prendre de nombreuses formes, elle ne devrait pas être réductible, limitée à « c'est soit ça, soit rien ». Penser que la pénétration est obligatoire, que la fellation est le ciment du couple, que tel ou tel acte est nécessaire me semble une triste, destructrice et peu imaginative manière de voir les choses.

On devrait valoriser les couples qui n'empruntent pas les chemins classiques (et les noncouples aussi : la physionomie des relations sentimentales et sexuelles est heureusement vaste et complexe). Une personne qui refuse la pénétration ne doit pas être stigmatisée, moquée, et une personne qui désire des pratiques inhabituelles ne doit pas non plus être déconsidérée. J'aimerais qu'on efface de nos visages les petits sourires jugeurs, taquins, condescendants, victorieux, qui apparaissent souvent quand nous parlons sexualité, et qui poussent à la normalisation et à silencer tout ce qui est différent. Qu'on balance aux orties les jugements de valeur sur les différents types de plaisirs, qu'on ne pense plus que l'orgasme clitoridien obtenu par la pénétration vaginale est supérieur aux autres. Qu'on cesse de penser que c'est « le Saint-Graal », comme je le lisais encore récemment dans un magazine. Cette métaphore religieuse revient souvent et je ne peux m'empêcher de penser que cette image a plus à voir avec la culpabilisation des femmes qu'avec le sacré (prendre l'image de la coupe qui a recueilli le sang de Jésus pour parler du plaisir féminin est quand même un magnifique et navrant symptôme), car bien sûr, les femmes sont coupables de ne pas obtenir d'orgasme, leur périnée n'est pas assez musclé, elles ne sont pas assez détendues, elles n'ont pas assez de désir. C'est de leur faute, elles ne sont pas assez femmes en fait. Et ce n'est pas fini : je découvre dans un magazine qu'il y a apparemment encore mieux (mieux pour signifier aux femmes qu'elles ne seront jamais à la hauteur) : l'orgasme cervical.

Punaise de kanelbullar de plutonium.

La pression sexuelle qu'on met sur les épaules des femmes est la continuation d'une maltraitance millénaire, anciennement religieuse, aujourd'hui laïque et branchée. Elle s'observe aussi dans l'accroissement du nombre d'opérations de resserrement du vagin et de réduction des petites lèvres.

C'est aux personnes dont la sexualité est commune et encensée socialement de soutenir et de valoriser l'expression de sexualités différentes qui autrement sont tues, sont vues comme honteuses, ratées, inférieures. Il y a une responsabilité de celles et de ceux qui sont du côté de la norme (et parfois y sont bien). La société est pleine de discours pro-pénétration. Ça va, on a compris. Écoutons les autres. Cessons de penser que notre goût est le bon et le vrai. Je veux dire : pendant longtemps j'ai été cet idiot qui ne tarissait pas d'éloges sur la pénétration. C'était le but, c'était le truc génial. Je ne me rendais pas compte que je participais à étouffer d'autres voix, plus timides, différentes et pas moins intéressantes. Je participais à limiter pratiques et plaisirs.

Hypothèse.

La pénétration vaginale est le prétendu summum du plaisir justement parce que la société décrit ça comme la norme et la voie à suivre, avec en ligne de mire la reproduction. C'est parce que la pénétration peut conduire à la fécondation et à la future naissance d'un enfant qu'elle est la norme des relations hétérosexuelles, pas parce qu'elle procure plus de plaisir.

Il n'y a pas de séparation entre notre corps physique et notre corps social. Nos sensations, que nous croyons si naturelles, sont aussi, en partie, des constructions. Alors si on laissait de la place à d'autres discours, à d'autres pensées, nul doute qu'excitations et émotions changeraient aussi.

La dévalorisation a des effets réels. La honte cause des dégâts physiques. La valorisation de pratiques sexuelles aujourd'hui minorées ou déconsidérées aurait de belles et excitantes conséquences.

Et punaise qu'on nous lâche avec la compétition de « mon orgasme est meilleur que le tien ». D'ailleurs, je remarque que la qualité des orgasmes masculins n'est jamais discutée, c'est un bloc monolithique qui confond éjaculation et plaisir.

Mes questions à propos de la pénétration n'oblitèrent pas ce fait : de nombreuses femmes aiment la pénétration plus que toute autre pratique sexuelle, elles l'aiment avec passion, la trouvent renversante, réconfortante, fabuleuse (certaines aussi n'ont pas d'orgasme par pénétration, mais en retirent quand même du plaisir). Je connaissais une femme qui n'aimait que ça et refusait le cunnilingus. Des femmes aiment la double pénétration, des femmes (et des hommes) aiment le fist fucking. Tout est possible. Tout devrait être audible. Si on est un homme allié des féministes, on devrait écouter notre partenaire, et mieux que ça : poser des questions, car le poids social empêche certaines femmes de dire qu'elles n'aiment pas certaines choses et qu'elles en aiment d'autres. Ne pas penser que si on a connu une femme ou un homme qui aime être fessé·e, ou qui aime la sodomie, ou qui n'aime que la pénétration, ou qui aime ligoter (ou être ligoté·e), alors ça sera le cas de notre prochain·e partenaire. Si on a une amante qui n'aime pas quelque chose ou aime quelque chose, alors allons dans cette direction ensemble, en se parlant et en inventant. Faisons de chaque relation une nouveauté sans a priori, une occasion de découverte, de changement et de remise en question. Ayons une confiance totale dans les mots, les gestes, les soupirs de notre compagne (j'entends compagne et partenaire dans un sens large, dans le cadre d'une relation de longue durée comme d'une aventure) et ne jugeons jamais ses désirs et ses absences de désirs. Tout est possible, rien n'est obligatoire. On peut parler, se faire découvrir, changer ensemble, ne pas s'oublier. Une belle relation tient à notre capacité à parler et à accueillir la singularité de notre partenaire, et à découvrir la nôtre : nos sensations, nos excitations et nos plaisirs ne sont pas des blocs de marbre : elles peuvent évoluer.

Les hommes chérissent unanimement la pénétration (en tout cas publiquement, et sans doute des hommes n'aiment pas — ou pas tout le temps —, mais jamais ils n'oseront le dire, et c'est dramatique de se taire, toujours dramatique). Après tout, ils en retirent du plaisir. Ils demandent rarement à leurs compagnes et amantes ce qu'elles en pensent. La question n'existe pas ou très peu, et c'est bien la puissance de la domination masculine que de pouvoir faire exister ou pas des questions relatives à la sexualité.

Néanmoins c'est un fait établi : la jouissance par pénétration est bien plus rare qu'avec le cunnilingus. En cela la pénétration vaginale est une pratique symptomatique du génie humain : ça marche mal, ce n'est pas la meilleure manière d'avoir du plaisir, et pourtant c'est la norme.

Selon le rapport Hite (étude fondatrice sur la sexualité publiée en 1976 qui brisait un certain nombre de pensées communes sur le sujet), seule une minorité de femmes (30 %) a régulièrement un orgasme par pénétration vaginale exclusive (des études plus récentes parlent de

25 %). C'est la plupart du temps une piètre pratique pour connaître l'orgasme et pourtant elle est constante et hégémonique — mais je devrais plutôt dire : c'est parce qu'elle est peu efficace et donne peu de plaisir qu'elle est justement constante et hégémonique.

Le but de la pénétration au fond n'est pas le plaisir des deux partenaires, mais en premier lieu celui de l'homme, puis éventuellement celui de la femme (d'ailleurs la pénétration cesse généralement quand l'homme a atteint son plaisir). C'est l'instauration d'une relation inégalitaire comme modèle.

Imagine-t-on que, si seuls 25 % des hommes avaient du plaisir et arrivaient à jouir par la pénétration d'un vagin avec leur pénis, cette pratique serait aussi générale ? Je pense que ce serait le contraire : la culpabilité serait inversée, on déconsidérerait les hommes qui pénètrent (ce qui ne serait pas plus malin). La norme serait les caresses et les rapports oraux-génitaux et on ne penserait pas que ces 75 % d'hommes ont un problème ou que leurs orgasmes sont inférieurs en qualité.

Alors le dire et le redire : les femmes qui ne jouissent pas par pénétration d'un pénis dans leur vagin ne sont pas malades, pas folles, pas insensibles, pas moins matures, pas incomplètes, elles n'ont pas un problème à régler (en tout cas, pas plus que les autres êtres humains). Et si on les lâchait, elles vivraient sans doute leur sexualité plus sereinement et auraient plus de plaisir.

Une autre étude (*La Sexualité en France*), sous la direction de Nathalie Bajos et Michel Bozon, nous apprend que « les femmes qui déclarent des rapports sexuels douloureux ne pratiquent pas plus de sexualité non pénétrative que les autres. » Quelle tristesse, mais punaise quelle tristesse.

On sait cela, et malgré tout, des blogs et des magazines parlent de la pénétration comme du Saint-Graal ? Je vois derrière cette insistance à faire la promotion de la pénétration à tout prix et à parler de l'orgasme clitoridien par pénétration vaginale comme du but ultime, la continuation d'un projet politique de soumission et d'humiliation des femmes. Pour changer ça, tout le vocabulaire de la sexualité devrait être analysé, critiqué, réinventé, qu'on se donne la liberté de parfois délaisser les classiques « prendre » et « pénétration », pour utiliser par exemple *circlusion*, mot inventé par Bini Adamczak qui signifie « englober/enrober le sexe masculin par le vagin. » La bataille est aussi linguistique. Nos pensées et nos mots participent à changer la triste réalité sexuelle qui est la norme actuelle.

L'étude citée plus haut révèle également que « chez les femmes, on observe un basculement à partir de 35 ans avec une préférence pour les caresses mutuelles par rapport à la pénétration vaginale ».

On le voit bien : la pénétration n'est pas la panacée.

L'organe du plaisir féminin, le clitoris, est encore considéré comme accessoire. Il est là pour exciter, permettre la lubrification et faciliter la pénétration. Dans la quasi-totalité des livres de sciences naturelles pour les enfants, cet organe est encore invisibilisé, alors que le gland masculin est mentionné. Il semble normal de considérer que le clitoris ne suffit pas, d'où l'invention de l'orgasme « vaginal », et la passion des magazines et des blogs pour le point G (on mettra en rapport le nombre d'articles sur le point G et sur l'orgasme prostatique quasiment absent du débat public et des conversations).

Le clitoris est fabuleux, complexe et complet, il est magnifique. Mais si la société entière le dévalorise, le combat et le cache depuis des siècles alors il ne faut pas s'étonner qu'on minore sa sensibilité et qu'on l'escamote (avec succès), que les injonctions sociales contre le clitoris finissent par marcher et avoir des effets physiques. Nos orgasmes sont sociaux.

Il me semble aussi qu'à force de pénétrer, à force de ne penser qu'à ça, on oublie tout le reste, on ne voit pas l'étendue et l'hétérogénéité du corps. Pénétrer c'est passer à côté et fuir. C'est penser qu'on fait l'amour alors qu'on s'en débarrasse. J'ai le sentiment qu'on pénètre pour cacher les sexes, ne pas les voir, comme si c'était une honte. C'est un aveuglement. On croit être libéré en pénétrant, en fait on se planque et on dissimule la sexualité.

Finalement la pénétration est un mode adapté au capitalisme, à nos journées volées par le travail, par les angoisses et la compétition. Comme il y a peu de temps pour penser l'amour, le pénis dans le vagin est pratique, on tient un certain temps, c'est calibré, il y a un début et une fin bien précis, on accomplit son devoir sans penser et sans imaginer. La société applaudit.

J'ai l'impression que les hommes partisans de la pénétration exclusive ont peur de la sexualité non circonscrite, de cette sexualité qui dépasse les sexes anatomiques. Ils veulent garder le contrôle. Dire là où ça doit se passer. Assigner à un lieu. Tracer des frontières et des limites. Ils sont terrifiés par une sexualité qui déborderait et serait une aventure, en somme qui ne serait pas celle de papa-maman ou des films pornos (c'est fondamentalement la même).

Et si agir en être sexuel, c'était prendre le temps d'explorer un corps et de se parler ? Ne pas pénétrer offre la possibilité de jouir du spectacle des sexes qui sont là, gonflent et dégonflent, se rencontrent, sont touchés par les mains, la langue et tout le corps.

Sans pénétration, tout le corps est hypersensible et délicieusement hyperactif. Faire l'amour devrait être la rencontre des corps et leur conversation.

Les hommes, comme souvent, ne comprennent rien (note : cela a été mon cas, et c'est sans doute toujours le cas parfois, dans mes rapports avec les femmes, j'ai été maladroit, arrogant, lamentable et idiot). Par exemple, ils travaillent à se retenir le plus longtemps possible, faisant de la pénétration une performance horaire, peu importe si leur amante s'emmerde. La sexualité est ce moment de la vie sociale qui semble pouvoir se passer de dialogue. Les hommes veulent entrer dans le corps de l'autre à tout prix, ils s'en servent comme d'un objet au service de leur jouissance et souvent le plaisir de leur partenaire est accessoire. Ils disent qu'ils font l'amour mais en fait ils se masturbent dans le corps des femmes. Comme ces nouveaux pères qui pressent leur compagne pour avoir des relations sexuelles avec pénétration le plus rapidement possible après l'accouchement alors même que celle-ci a souvent besoin de temps pour se sentir bien dans son corps et dans son sexe. Combler leur frustration est plus important que le plaisir de leur partenaire.

Le patriarcat règne. Souvent la pénétration reproduit la domination de l'homme sur la femme : l'homme tient la femme, son sexe est en elle, il décide et dirige.

Je ne remets pas en cause cette réalité : les jeux de domination (menottes, bandeaux, dirty talks, fessées, tirages de cheveux, mises en scène, yeux bandés, jeux de rôle, etc.) sont appréciés et désirés aussi par de nombreuses femmes. Les juger serait oublier que chacun compose avec la sexualité dont il a hérité dans notre moment particulier de l'histoire, et qu'il n'est pas toujours possible (ni souhaité) de s'en libérer : on prend le plaisir qui est accessible ici et maintenant, celui qui nous correspond. Et c'est joyeux. On ne résoudra pas tout dans le temps présent. Mais, sans juger, sans renoncer à ce qu'on aime avec évidence, on pourrait introduire autre chose, de la variété, de la liberté, de l'invention dans nos sexualités. Au moins, commencer et esquisser. Que la sexualité devienne aussi un lieu de l'imagination et de la parole échangée. Une sexualité libre ce n'est pas soit ci soit ça. Ça peut-être ci et ça.

Il est courant pour les hommes de penser qu'ils ont « eu » une femme quand ils ont couché avec elle. Ils l'ont soumise. Ils ont gagné quelque chose sur elle, ils lui ont pris quelque chose. Beaucoup d'hommes hétérosexuels ont un plaisir à se croire supérieurs et à dominer les femmes. Ils ont pénétré, ils sont victorieux. Tant qu'on n'aura pas parlé de ça, tant qu'on n'aura pas mis fin à tout sentiment de victoire et d'humiliation, tant qu'on ne foutra pas la honte à ce type de comportement et d'individus, il y aura peu de changement dans les relations entre femmes et hommes.

J'écris ce texte pour m'éduquer, m'ouvrir, apprendre à ne pas suivre mes réflexes (aussi plaisants soient-ils), désobéir à mes impulsions premières et à mes habitudes culturelles, mais aussi pour imaginer autre chose. Je pars d'un a priori extrêmement favorable à la pénétration : je trouvais ça fabuleux, je trouvais ça insurpassable, rien ne pouvait concurrencer un tel délice. Ma pensée a évolué, ma sensibilité aussi. J'aime toujours la pénétration, mais je ne place plus cette pratique tout en haut du podium, en fait il n'y a plus de podium, il faut arrêter avec cette vision olympique de la sexualité, ce classement permanent. Mes perceptions ont changé. Le corps est une partie de l'esprit et si mon esprit emprunte des voies nouvelles, mon corps suit peu à peu, il trébuche et hésite parfois, mais il avance. Mon corps n'est pas en ciment, mes sensibilités ne sont pas fixées pour toujours. J'ai des limites et des névroses, bien sûr, une histoire qui empêche ou complique certaines choses, je suis pétri de représentations mais je ne suis pas intangible.

Les pratiques sexuelles ne sont pas gravées dans la pierre : elles sont un fait social, par nature évolutif. L'excitation de la domination sexuelle est liée à l'histoire de l'oppression des femmes par les hommes. Si cette oppression vient à disparaître à force de luttes, on peut imaginer que l'excitation liée à la domination disparaîtra peu à peu. D'autres désirs naîtront et d'autres plaisirs s'inventeront, dont peut-être nous n'avons pas idée.

J'ai l'impression que la sexualité des conservateurs et celle des libertaires (disons des gens de droite et ceux de gauche) est la même, alors que ces groupes se distinguent par leurs idées et leurs comportements. Comme si la sexualité ne pouvait pas être un lieu et une action de la pensée politique (pire encore : le jugement est très courant chez des personnes qui se pensent progressistes et libéré·e·s, mais qui dans leur sexualité sont grossophobes par exemple, ou adeptes de fétiches — ou de rejets — racistes ou âgistes, comme si le racisme ou la grosso-phobie devenaient acceptables du moment que ça concerne la sexualité). Qu'est-ce qu'être de gauche en matière de sexualité ? Qu'est-ce qu'être féministe quand il s'agit du cul ?

Est-ce qu'on s'en fout ? Est-ce que sexualité et politique doivent rester séparées ? Est-ce que c'est trop complexe et contre-intuitif (après tout, des féministes revendiquent le BDSM tandis que d'autres le critiquent) pour être politisé simplement ? Ou est-ce qu'on pense la question, on se dépatouille avec ça, et on se dit que nos réflexions actuelles produiront des comportements différents plus tard ? Est-ce qu'on baise différemment maintenant, on invente une autre manière de faire l'amour en essayant de ne pas trop reproduire les schémas du passé, aussi plaisants soient-ils ? Ou bien un peu de tout ça en même temps, on pense, on tente, on essaie d'évoluer comme on peut et si on peut ? Chacun sa réponse, mais il me semble lapidaire de limiter la pensée et de rejeter la sexualité dans la sphère intime d'un définitif « on fait comme on veut. » C'est un peu court. La moindre des choses est de parler et de profiter du bonheur de débattre et de produire de nouvelles pensées. Pas de se contenter du statu quo. Je pense en particulier aux hommes hétérosexuels qui, parce qu'ils sont dans une position de pouvoir et de domination structurelle, ont le devoir de se poser des questions et de lire des textes et articles féministes (en gardant une certaine modestie d'opinion et d'expression : nous avons d'abord à écouter et à apprendre).

La rencontre de nos corps n'est pas isolée du reste de la vie sociale donc la question n'est pas : « La sexualité est-elle politique ? », après tout je ne vois pas comment quelque chose pourrait ne pas être politique, mais plutôt : « La sexualité doit-elle être (aussi) le lieu d'une critique et d'une invention ? » De mon point de vue, la réponse est oui. Comprendre que la sexualité est créative et politique est une excitante nouvelle je trouve. Ça n'empêche pas de prendre aussi son pied avec des schémas plus classiques et archétypaux en attendant d'avoir fait coïncider nos valeurs politiques et nos excitations. Changer nos représentations demande du temps.

Pour l'instant, et pour le plaisir de créer un tremblement de terre, on pourrait décider collectivement (j'imagine une séance de l'assemblée des Nations unies à New York) d'un moratoire sur la pénétration pour bouleverser le cours naturel des choses. Qu'on découvre une sexualité différente pendant quelques semaines. Je vois déjà les campagnes d'affichage : « Et si vous ne pénétriez pas pendant un mois ? » Ça serait beau, drôle et joyeux. Ça produirait de la pensée et des débats, du rire et des disputes, ça pousserait à l'invention. Nul doute qu'il y aurait des révélations. Ce serait le passage de *Enlarge your penis* à *Enlarge your reality*, en somme. On verrait que c'est tout le contraire d'une limitation mais bien une ouverture et une aventure sensuelle.

Un jour, on encensera ces intenses moments de sexualité où il n'y a pas pénétration. Ces scènes de sexe excitantes et débridées sans pénis dans le vagin ou dans l'anus. Un jour, on verra un homme caresser une femme, un homme prendre le temps d'explorer son corps, on verra aussi une femme simplement parcourir de ses doigts les tétons ou le cou d'un homme et on dira « Quelle belle scène de sexe ! »

Ne pas pénétrer, c'est laisser la place à l'imagination : l'apparente contrainte nous délivre de nos rôles hérités d'époques où les hommes et les femmes n'étaient pas considérées comme égales. Ne pas pénétrer est le signe d'une sexualité artiste, car les artistes sont habitué·e·s à tirer libertés et idées de contraintes apparentes.

Il ne s'agit pas de faire de la non-pénétration la nouvelle règle obligatoire, de remplacer une norme par une autre, mais de l'inclure dans les actes possibles de l'amour physique, avec la même importance que la pénétration. Que la pénétration vaginale (ou anale) ne soit plus l'alpha et l'oméga. Que l'absence de pénétration ne soit pas vécue comme un échec. Détendons-nous, donnons-nous du plaisir, prenons-en. Je me doute qu'il faudra encore quelques dizaines d'années avant que les choses changent. Les mots précèdent l'action. Nos corps sont encore des territoires à découvrir et la rencontre de nos corps un phénomène à peine pensé.

Je parle ici de mon point de vue d'homme hétérosexuel et cis, avec mon histoire personnelle, limitée, chaotique, donc point de vue particulier et partial. J'ignore beaucoup de choses en matière de sexualité, j'écoute, j'essaye d'apprendre. Ce livre n'est pas une conclusion pour moi, c'est la poursuite de questionnements qui vont continuer après la publication. Emporté par mon satané esprit de contradiction, je peux prendre des raccourcis (et je sais bien que la pénétration peut-être sublime et complexe, que parfois je généralise, et que bien sûr bien sûr #notallmen ; ce livre ne dit pas tout du sujet). Mais il y a un plaisir à défendre effrontément un parti pris à contre-courant et à développer avec un beau fracas un point de vue iconoclaste, politique et critique. Il me semble qu'on trouve ailleurs, et quasiment partout ailleurs en fait, des éloges de la pénétration. Si pour une fois ce n'est pas le cas, je pense que la pénétration s'en remettra très bien.

Je défriche un terrain nouveau pour moi. Il me semble que je fais avec la sexualité ce que j'ai fait avec un autre sujet il y a quelques années en arrêtant de manger des animaux : j'ai compris que la norme servait à masquer de la douleur, des émotions non écoutées, une obéissance à la règle violente. J'ai donc changé et j'ai arrêté de manger les individus des autres espèces. Je vois des liens entre l'animalisme (plus généralement la critique de la suprématie humaine) et la critique de la suprématie de la pénétration. Manger de la viande et pénétrer sans se soucier de l'autre est l'attitude d'un être qui profite de son statut de dominant sans se penser dominant ; tout ça est tellement naturel (on remarque que l'attachement aux lois de la nature disparaît chez la plupart des gens dès lors qu'il s'agit de leur santé, dès qu'ils sont allongés sur le fauteuil de leur dentiste ou doivent subir une opération chirurgicale). Mon attitude consiste, à chaque fois, à attaquer mon camp : les hommes hétérosexuels omnivores et privilégiés, les fanas de barbaque et de pénétration, ceux qui dominent la planète et la détruisent. Il est temps de penser et de critiquer nos comportements qui nous semblent si parfaits et justifiés. Nous sommes des catastrophes douées de langage. Ce qui n'est qu'une demi-mauvaise nouvelle.

Le problème tient en partie au fait que, nous, hommes hétérosexuels, ne sommes pas éduqués à parler de nous, à écouter, à devenir des êtres émotionnels, à nous ouvrir. Nous sommes éduqués pour devenir des murs. Et puis, être un macho procure tellement d'avantages sociaux (dans un premier temps) qu'il est logique d'aller dans cette direction.

Un matin, de passage à Strasbourg, attablé au café Les Savons d'Hélène, j'ai demandé à un ami, hétérosexuel, s'il aimait la pénétration. Il m'a répondu tout de suite :

« Ah ah, oui bien sûr ! Bah oui ! » Alors j'ai précisé ma question : « Et comment aimes-tu être pénétré ? Avec un doigt ? Avec un gode ou un masseur prostatique bien lubrifié ? »

Il s'est crispé. Il n'avait pas imaginé que je parlais de lui-même pénétré. Jamais. Jamais jamais. Il pensait à lui pénétrant une femme. J'ai dessiné une silhouette d'homme sur une feuille posée devant lui et je lui ai montré qu'il possède un orifice (je l'ai indiqué avec une flèche) par lequel il pourrait lui aussi être pénétré et qui pourrait lui donner du plaisir. L'anus.

Il n'y avait jamais pensé. Enfin si, un peu, comme ça. Fugacement.

En fait, l'homme préfère ne pas y penser. Plus exactement : il refuse de se penser comme un être pénétrable. Il est farouchement contre sa propre pénétration.

Pourquoi ?

Après tout, si la pénétration peut apporter du plaisir aux femmes, elle peut plus sûrement encore en donner aux hommes. C'est un fait. L'anatomie masculine est dotée d'une prostate située dans la cavité pelvienne, sous la vessie, au-dessus du périnée, en avant du rectum et en arrière de la symphyse pubienne. Cet organe est une zone puissamment érogène et une grande source de plaisir qui peut conduire à la jouissance et à l'éjaculation. Sans aller jusque-là (pourtant la distance n'est pas bien grande, quelques centimètres, mais pour l'esprit ce sont des années-lumière), l'anus est particulièrement innervé juste après son entrée et est donc lui-même une zone érogène.

Les hommes n'hésitent pas à parler de leur plaisir, à le défendre, à l'encenser, à le magnifier. Et pourtant, quand on leur parle d'un grandiose plaisir qu'ils s'interdisent, ils regardent ailleurs. Parfois même, ils blêmissent. Le désir de leur propre pénétration est singulièrement absent chez les hommes hétérosexuels qui paraissent ainsi comme de ridicules et paradoxales victimes de leur domination. Souvent ils n'hésitent pas à pousser leur compagne à tenter la sodomie (qui peut aussi très bien être une pratique demandée et désirée par des femmes), mais dès qu'il s'agit d'eux-mêmes, ils deviennent hypocritement prudes. Dans leur majorité, les hommes hétérosexuels, pourtant aventureux déclarés quand il s'agit du corps de l'autre, se révèlent puritains concernant leur propre corps.

Leur angoisse étant de ne pas être assez homme, de ne pas correspondre au cliché viril. La virilité pour un homme c'est cette prison : à tout prix montrer qu'on n'est pas une femme, qu'on n'est pas efféminé, qu'on pénètre et qu'on n'est pas pénétré. C'est bien ça l'enjeu pour certains : ils pénètrent pour ne pas risquer de mettre au jour leur propre désir d'avoir un doigt ou un gode dans l'anus, pour ne pas devenir un être pénétrable, c'est-à-dire, dans leur stupide esprit macho : une femme ou un homosexuel. Donc un dominé, un faible. Être considéré comme une femme ou un gay reste la grande peur des hétérosexuels.

Certains hommes hétérosexuels connaissent les délices du plaisir anal et de l'orgasme prostatique, mais ils sont rares, et encore plus rares à le dire ouvertement. La majorité d'entre nous n'a pas découvert cette source de jouissance. Moi le premier : si je sais que mon anus et ma prostate sont des organes qui procurent du plaisir, je refuse pourtant d'en tirer profit et je n'ai pas envie d'être pénétré par ma compagne, même avec un doigt délicat, même avec un gode surlubrifié. Je suis archaïque. Malgré moi, je suis conservateur et puritain. Ça ne me satisfait pas, mais je suis comme ça, j'ai un rapport complexe et non résolu à la sexualité. Je suis le type même de la dichotomie entre des idées anticonservatrices et des désirs plus timides. Je suis une sorte de romantique puritain paradoxalement très ouvert et curieux. Je travaille à évoluer, mais des résistances sont encore là. Alors j'explore doucement. Rien ne presse, ce n'est pas une course. Je le constate : c'est comme si mon corps était bloqué et fermé. L'éducation d'un corps d'homme est une éducation à l'insensibilité. Quelle punaise de tragédie. Ce n'est pas étonnant qu'alors les hommes soient si bêtes dans leur rapport au corps des femmes.

Pour cesser d'être des caricatures et des statues, les hommes auraient besoin de se considérer aussi comme des êtres pénétrables, qui désirent cet acte ardemment et lèvent leurs petites fesses en signe d'invitation.

On voit donc bien au fond que la sexualité n'est pas une affaire de plaisir, sinon les femmes seraient moins pénétrées et les hommes le seraient davantage.

Hypothèse. Peut-être que s'ils jouissaient par d'autres voies, les hommes seraient moins insupportables et arrogants, peut-être qu'ils cesseraient de croire à leur supériorité sur les femmes (et le monde et les animaux). Peut-être que ça ébrécherait leur domination, et qu'ils aimeraient être dominés par leurs compagnes, et qu'ainsi la domination serait un partage, un jeu réciproque, et non plus une route à sens unique (et peut-être même qu'un jour, on pourra jeter toute domination aux oubliettes, et que celui ou celle qui serait pénétré·e ne serait pas vu·e comme étant dominé·e).

Les hommes hétérosexuels quitteraient leur position de sachants. Ils pourraient poser des questions à des hommes homosexuels, par exemple, mais aussi à des lesbiennes (les lesbiennes ont plus de plaisir sexuel que les femmes hétérosexuelles, c'est un fait qui devrait nous interroger, je crois), à des femmes hétérosexuelles, à des bi, à des trans, à des demi-sexuel·e·s, à des handicapé·e·s, à des asexuel·le·s, à toute personne finalement qui vit une sexualité qui n'est pas la même que la leur. Ils pourraient lire leurs textes et leurs livres. Cette richesse leur apporterait des choses. Ils pourraient, en écoutant les autres, devenir de meilleurs êtres humains, plus curieux, plus accueillants, plus

sensibles, ils baisseraient la garde. Ils pourraient aussi s'écouter eux-mêmes et parler.
Casser cette épuisante et (auto-)destructrice
image de l'homme viril. Évidemment la remise
en question de la virilité n'est pas qu'un travail
interne aux hommes, il s'agit aussi d'agir dans
le cadre amoureux et familial, par exemple
en prenant en charge la moitié des tâches do-
mestiques, en prenant un congé paternité, en
s'occupant davantage des enfants, et, pour tout
le monde, en ne valorisant pas la virilité dans
l'éducation des enfants — et dire aux adoles-
cent·e·s que l'amour ce n'est pas seulement et
pas forcément la pénétration.

Être du côté de la norme devrait être considéré comme une violence qui coupe du reste
du monde et blesse. C'est une tare. Il s'agit d'y
remédier, et non pas d'en jouir et de s'en vanter.

Je m'étonne que les hommes hétérosexuels
ne soient pas plus curieux à propos de la sexualité, qu'ils soient massivement pour la reproduction des mêmes gestes et des mêmes attitudes.
Sans doute la peur est grande et les soi-disant
hommes libérés sont prisonniers de leur viri-
lisme pudibond. Un séducteur macho ressemble
au cliché de la dame victorienne effrayée par

la sexualité (en plus obtus et avec nettement moins de goût dans le choix de ses corsages). La catégorie sociale qui connaît le moins bien la sexualité, qui en a la vision la plus caricaturale, est celle qui domine toutes les autres. Et c'est cette simplification qui lui permet d'asseoir son pouvoir en contrôlant les corps, en empêchant l'expression de la complexité et de la liberté.

Le corps humain est une zone érogène. On l'admet bien quand il s'agit d'une femme. Nos caresses, nos baisers, notre respiration et notre langue peuvent parcourir tout un corps de femme et procurer de l'excitation et du plaisir. Les hommes quant à eux ont réussi à faire croire et à se faire croire que seule leur verge était une zone érogène. Ils n'ont pas concentré leur plaisir en un point : ils l'ont emprisonné.

Pourquoi les hommes se sont-ils empêchés d'admettre la richesse sensorielle de leur corps ? Sans doute ça ne faisait pas sérieux. Ça leur aurait demandé de baisser la garde. Et ça force les femmes à se concentrer sur leur bite, donc ça permet de les contrôler, de leur dire « ça sera ici et pas ailleurs », de les empêcher de faire preuve d'imagination dans l'exploration du corps de leur partenaire. C'est une preuve supplémentaire que si le patriarcat sert la cause des hommes il n'est pas sans prix pour eux aussi : ils se blessent et s'enferment, ils s'empêchent et se simplifient.

Les hommes ne sont pas encore nés. Ils sont un territoire à découvrir (et à découvrir pour eux-mêmes). Ça ne sera pas simple. Ça prendra du temps. La subversion n'est pas dans ces hommes qui racontent leurs « conquêtes », elle adviendra quand un homme parlera de son bonheur à se faire pénétrer par sa compagne ou quand il racontera l'infini plaisir qu'il a à recevoir des caresses sur sa nuque, ses tétons ou ses jambes. Et que personne ne rira, que personne ne se moquera de lui.

Ça changera tout.

Nul doute que des femmes et des hommes résisteront à cette idée d'un homme sensible qui refuse sa position de dominant. Après tout, la virilité reste bien considérée. Des femmes ne voudront pas non plus enculer leur compagnon ni le voir dans cette position. On peut le comprendre, je pense. L'idée n'est pas d'exiger de changer notre sexualité immédiatement (nos goûts et nos désirs sont déjà forgés et il peut être compliqué de les faire évoluer), mais de penser, d'ouvrir des chemins et d'en parler.

Ça va bouleverser les rôles dans les relations hommes-femmes.

Ça va mettre du bazar.

Tant mieux.

Il est temps que la sexualité soit multiple, qu'on désobéisse à la tradition, à la pression sociale et à la limitation des pratiques. Que la sexualité ne soit plus vue comme quelque chose de honteux ou de victorieux, comme un moyen, un prétexte à stigmatiser, à se moquer, à juger, à classer, ou à se penser supérieur ou inférieur aux autres.

Un jour, on pourra dire, sans s'attirer moquerie, réprobation ou pathologisation : « J'ai fait l'amour avec cette personne : nous nous sommes embrassé et caressé le dos », « J'ai pénétré mon copain allongé sur la table de la cuisine avec un masseur prostatique et c'était très beau », « Nous faisons l'amour depuis dix ans ensemble sans pénétration et c'est de plus en plus merveilleux, excitant et jouissif », « Je fais l'amour une fois par mois et j'adore ça, c'est mon truc, c'est mon rythme », « Je fais l'amour tous les jours et j'adore ça, c'est mon truc, c'est mon rythme », « Mes plus grands orgasmes sont quand mon copain me pénètre analement », etc.

J'aimerais publier une sorte de guide sexuel dans lequel les positions avec pénétration ne seraient pas la règle. En cela, il rappellerait la diversité des pratiques du *Kamasutra* original qui déjà évoquait les pratiques sans pénétration. Dans mon Kamasutra, il y aurait les caresses sur le bras, les baisers dans le cou, le massage des pieds, la masturbation, toutes sortes de pénétrations, l'effleurement entre les omoplates, le grattage de dos, il y aurait aussi le dialogue et les mots et les histoires fantasques, il y aurait l'endormissement contre le corps de l'autre, il y aurait des rires aussi, des câlins et des foulards, il y aurait tout ce qui est possible.

On peut tout imaginer et, enfin, quitter la maison en béton, pour en construire une en bois, vivante, évolutive, ouverte, une maison qu'on ne distinguerait pas d'un jardin, sorte de terreau où des graines seraient plantées pour donner de nouvelles formes à nos explorations et de nouveaux fruits à notre aventureuse gourmandise.

INTRODUCTION

AUX

PROPOS SUR LA PÉNÉTRATION

Can you eat my skittles ?
It's the sweetest in the middle
Pink is the flavor
Solve the riddle
I'mma lean back
Don't worry, it's nothing major
Make sure you clean that
It's the only way to get the
Flavor
Beyoncé

J'écris pour te pénétrer, toi lecteur,
et c'est ma revanche sur la physiologie.
Claire Legendre

Le premier titre de ce livre était *Contre la pénétration*. Pas tout à fait juste, car mon propos n'est pas d'être contre la pénétration. Mais j'aimais son côté provocateur, ça claquait bien, je voyais ça avec des néons comme un casino de Las Vegas. Plusieurs personnes m'ont fait remarquer que ce titre les effrayait et les tenait à distance. Ce n'était pas mon intention (je déteste choquer et polémiquer, je suis, essentiellement, un Totoro, le conflit m'est impossible, tout me blesse.) Alors j'ai changé (merci aux réseaux sociaux, c'est grâce à une discussion avec Laura Alcoba que j'ai eu l'idée de ce titre). Bien sûr ce nouveau titre peut être lu comme un clin d'œil à *Au-delà du principe de plaisir* (Dalibor Frioux m'en a fait la remarque), le livre de Freud, et à *Par-delà bien et mal*, de Nietzsche.

Honnêtement, j'y vois surtout mon goût pour la science-fiction, le fantastique (*Au-delà du réel*), la conquête spatiale et les maisons hantées, et au cri ambitieux de Buzz l'Éclair dans *Toy Story* : « Vers l'infini et au-delà ! » J'aime aussi que dans *Au-delà de la pénétration* on entende, si on le désire, « Ode de la pénétration ».

Pourquoi écrire un livre sur la pénétration ?

Parce que le sujet est là, si présent qu'il en est invisible. Surtout je voulais faire en sorte qu'on entende des choses trop souvent tues, qu'on parle, qu'on pense, que l'on considère la sexualité comme un élément de l'invention humaine, de sa culture, de ses arts, de sa politique. Je voulais qu'on entende les difficultés, les douleurs, la peur d'être anormal·e, et qu'on dise qu'on se fout de la normalité si elle signifie le mépris et le jugement pour ce qui est différent. Que la sexualité ne soit plus un moyen de briller en société, de se sentir supérieur aux autres, ou de leur faire honte. Punaise de sirop d'érable de Formica. Pour un truc qui est censé être du plaisir, la sexualité trimbale quand même énormément de douleurs, de tragédies, de mépris et d'horreurs. Sans doute parce que le but de la sexualité n'est pas en premier lieu la jouissance, mais bien plutôt la perpétuation de la domination et des lois sociales. C'est un rappel à l'ordre.

Parler de la pénétration, ça devait arriver, vu ma personnalité, j'aime les sujets qui font lever les sourcils, pas nobles, pas respectables, pas sérieux, pas convenables. J'aime bien casser l'ambiance (ne m'invitez jamais à une fête). Quand j'ai annoncé le livre autour de moi, j'ai bien vu que ça créait un malaise. Les mecs, surtout, n'en revenaient pas. C'est tabou. Et d'une manière bizarre c'est un sujet qui est tabou pour les gens qui s'imaginent super cool et dénués de tabous justement. Peut-être aussi que j'ai voulu aborder cette question parce que comme souvent je m'adresse au jeune homme que j'étais. À mon jeune moi, j'aimerais dire : le but n'est pas la pénétration, c'est le plaisir. La pénétration, quand elle est désirée des deux côtés, n'est pas obligatoire tout de suite, et d'ailleurs parle à ta partenaire, demande-lui ce qu'elle aime. Tu vas peut-être être surpris, déstabilisé. Tant mieux. Propose tes idées sexuelles mais sans jamais imposer, sans jamais insister, sans que jamais ta partenaire se sente jugée. En tant qu'homme tu es dans une position structurelle de pouvoir et de domination, alors c'est à toi de faire des efforts, sois modeste et ambitieux. Rien n'est obligatoire, ne fais pas comme si c'était évident, discutez, prenez votre temps.

Bon Dieu, quand on pense à tout ça, on voit que l'éducation sexuelle officielle est quand même une vaste fumisterie et n'aide pas les jeunes gens : il s'agit d'entretenir cette vieille vision des choses, la femme doit forcément être pénétrée sinon elle n'est pas femme, sinon l'homme n'est pas homme. Alors aller contre et donner confiance aux jeunes gens, leur donner confiance dans leur corps complexe et leurs émotions, et pourquoi pas créer des affiches pour faire la promotion d'une sexualité sans pénétration (et aussi pour faire la promotion du cunnilingus, de la masturbation, des caresses, de tout en fait, qu'on expose concrètement l'éventail des choix possibles, qu'on ouvre le réel).

Un jour aussi peut-être je ne pourrai plus bander (ne pas manger d'animaux éloigne ce risque, car ce sont surtout les graisses animales qui bouchent les artères, mais tout peut arriver), et donc dans ce cas, est-ce que ça voudra dire que je suis bon pour la poubelle sexuelle ? Que je ne servirai plus à rien (plus largement, c'est cette idée de corps humain comme instrument ou utilitaire qui me pose problème) ? C'est une question que se posent sans doute des femmes qui n'aiment pas la pénétration et c'est terrible. Pour avoir beaucoup écouté parler les autres de leur sexualité depuis une vingtaine d'années, je n'en reviens toujours pas combien ce sujet suscite des commentaires violents, durs et méprisants. Alors : apporter de la douceur.

Je n'ai pas que de bons sentiments. Ainsi j'ai aussi écrit ce livre par désir de remettre à leur place (et leur balancer quelques kaméhaméha) les personnes qui tiennent un discours majoritaire sur la sexualité et qui se font passer pour des êtres tellement chics et modernes, alors qu'ils sont du côté du conformisme et de la répression. Punaise, tellement de femmes se forcent, simulent, n'osent pas parler de ce qu'elles désirent ou ne désirent pas, et tellement de mecs sont satisfaits d'eux-mêmes et pas à l'écoute. Ça doit changer. Les hommes, nous, devons changer.

Je veux dire aussi que j'ai écrit ce livre par pur plaisir, parce que mon esprit était tout naturellement marijuanaïsé par l'idée de traiter ce sujet d'une manière iconoclaste.

Je crois qu'un homme devrait avoir une obligation : apprendre des femmes. Leur poser des questions et évoluer. Est-ce que changer les pratiques sexuelles des hommes signifiera moins de plaisir pour eux ? Peut-être dans un premier temps. Le plaisir sera moins évident et facile. Et alors ? Renoncer à des privilèges a un coût. Mais il est négligeable s'il permet d'établir un monde sexuel plus égalitaire et imaginatif. Aux hommes d'accepter de perdre leurs privilèges avec le sourire.

Mais moins se focaliser sur la pénétration a aussi des avantages pour eux : outre qu'ils vont ainsi découvrir une plus grande diversité et amplitude sensuelle, ils se débarrasseront de l'angoisse d'une possible impuissance (quel mot symptôme…) passagère. Ils n'auront plus l'angoisse de ne pas réussir à bander, ou de ne pas bander assez longtemps, ou d'avoir une éjaculation précoce. Ils se libéreront d'un poids.

J'aimerais que ce livre serve à une chose : dire aux femmes qui n'aiment pas la pénétration : tout va bien, vous avez le droit, ce n'est pas une pathologie (cela ne signifie pas qu'il n'y a pas de pathologies ou de handicap, mais cette notion de pathologie mériterait d'être étudiée : parfois on pathologise des sensibilités différentes), vous êtes entières et fabuleuses, vos partenaires n'ont pas à exiger la pénétration vaginale ou anale dans une relation avec vous, ils n'ont pas à exiger de fellation non plus. Rien n'est obligatoire, tout est possible. Je voulais dire aux hommes : vous avez le droit d'aimer être pénétrés et aussi vous avez le droit de ne pas pénétrer, tout va bien (mon propos s'applique à toute pratique, et si une femme ou un homme désire une séance de bondage, ou toute autre chose, ça devrait être aussi possible d'en parler). Dire à tous ceux dont la sexualité n'épouse pas les contours de la norme : vous êtes magnifiques et vous méritez d'êtres aimés et désirés, d'aimer et de désirer, et de ne pas désirer. Personne n'a le droit de vous faire honte, d'être déçu parce que vous ne correspondez pas aux quelques clichés simplistes installés dans les esprits, de vous culpabiliser ou d'exiger quoi que ce soit de vous. Si c'est le cas, parlez, défendez-vous, trouvez de l'aide et du soutien ailleurs, partez.

Le parcours chaotique du livre (il devait être publié chez un éditeur qui s'est éclipsé, finalement nous l'avons publié chez Monstrograph et il ressort chez le Nouvel Attila) a eu une conséquence : je l'ai reconsidéré et ce fut une tartelette de chance (les Anglais disent *Blessing in disguise* et *Every cloud has a silver lining* : j'ai fait graver ces phrases sur ma planche de surf). Je me suis dit : j'ai écrit seul (ce n'est pas tout à fait exact, j'ai écrit ce livre grâce à mes discussions avec des proches et ami·e·s et connaissances et inconnu·e·s), mais forcément sur un sujet aussi vaste et tremblementdeterrien, de nombreuses personnes auraient des choses à dire. Il ne suffit pas de dire que la sexualité humaine est complexe, encore faut-il donner la parole à celles et à ceux qui incarnent un peu de cette complexité. J'ai donc lancé un appel, sur mon site (https://www.martin-page.fr/2018/11/01/appel-a-temoignages/), sur les réseaux sociaux, par e-mail à mes ami·e·s : « Si vous avez des choses à dire sur la pénétration qui sortent de l'ordinaire, écrivez-moi ! »

Je n'ai pas fait d'étude anthropologique. Je n'ai pas constitué de cohorte statistique. J'ai simplement compté sur le désir de chacune et de chacun de participer à ce livre et de dire des choses sur la pénétration. La parole est difficile sur ce sujet, raison pour laquelle la plupart des textes qui suivent sont anonymes. Certains textes sont signés d'un pseudonyme, la plupart d'une initiale (pas forcément celle de l'autrice ou de l'auteur d'ailleurs), d'autres sont non signés, deux sont signés par des écrivaines qui ont désiré apparaître sous leur véritable nom : Éloïse Lièvre et Emmanuelle Pagano.

Pour garantir l'anonymat, j'ai créé un compte e-mail temporaire et sécurisé chez ProtonMail et j'ai suggéré à celles et à ceux qui le désiraient de m'écrire depuis une adresse jetable, en tout cas anonyme. Maintenant que le livre est achevé, j'ai fermé cette adresse. L'anonymat était nécessaire, car dans le domaine de la sexualité, la plupart des gens, quand ils parlent à visage découvert, ne disent pas ce qu'ils pensent et ce qu'ils ressentent réellement.

J'ai parfois demandé des précisions et j'ai posé des questions, j'ai proposé des coupes, j'ai écarté des textes qui me semblaient parler d'autres choses. Je voulais que cette partie du livre soit ouverte et qu'on entende des voix complètementaires et contradictoires. J'ai été surpris et bouleversé, par leur force et leur diversité, leur sensibilité et leur intelligence.

Beaucoup d'autres paroles et émotions ne se sont pas dévoilées, ce livre est une prémisse, il ne prétend pas à l'exhaustivité. Parler sur un tel sujet est extrêmement difficile, ça remue. J'aimerais publier une suite à ce livre, qui ne serait plus sur les problèmes que pose la pénétration, mais des témoignages de femmes qui parlent de leurs orgasmes et du plaisir sans pénétration, et d'hommes qui parlent de leur plaisir à être pénétrés (ou d'une sexualité non pénétrative avec leur partenaire). Les discours et le vocabulaire sur la sexualité pénétrative sont présents et florissants, il s'agit maintenant de donner des mots, des espaces, des libertés, d'inventer des expressions et des formes pour dire les autres plaisirs socialement dévalorisés. Dire la richesse, la profondeur et la complexité de la non-pénétration. Et le dire une fois pour toutes : le mot « préliminaires » est stupide et restreint la réalité. Les prétendus préliminaires sont une relation sexuelle pleine et entière.

J'aimerais qu'on lise les mots de ces témoins avec empathie. C'est si difficile de parler de ces sujets, si rare. On peut prendre ces témoignages comme une invitation à continuer ce travail, à parler soi-même et à écouter, à être délicats et bons. À ne pas limiter notre liberté de parler de la sexualité et d'y réfléchir. Apprendre qu'en plus du plaisir qu'elle donne elle peut contribuer à nous guérir (et non plus à nous blesser) et à nous défaire des assignations. J'espère que ce petit livre participera à ouvrir une voie.

Note : toutes les réactions à l'annonce de mon livre n'ont pas été bienveillantes. Souvent il y a eu incrédulité et étonnement (ça se comprend), mais parfois aussi ricanements, blagues grasses et lourdes, réflexions débiles. Toujours ce sarcasme des petits malins (trop souvent en France, le rire est un instrument d'aristocrates républicains, outil de coercition, qui blesse et écrase : raison pour laquelle il n'y a pas d'humour français : l'humour est nécessairement un art de dominé·e·s).

Un dernier point. Certains témoignages, donnés à l'oral, au détour d'une conversation, ne sont pas dans ce livre. Je pense à certaines femmes qui ne voyaient pas quoi dire d'autre excepté qu'elles n'étaient pas particulièrement fan de pénétration et à d'autres qui au contraire aimaient ça. Je pense aussi à ce jeune homme rencontré lors d'un déplacement pour un de mes livres. Il me racontait qu'il avait quitté sa copine pour des raisons sexuelles. Elle trouvait qu'ils ne faisaient jamais assez l'amour. Ils couchaient ensemble tous les jours et lui aurait aimé des soirées sans sexe, à simplement regarder un film, à traîner au lit et à se câliner. Il aurait aimé un peu de tendresse. Mais non : ils devaient coucher dès qu'ils se voyaient. Il n'arrivait pas à suivre. D'autant plus qu'elle le ridiculisait et le comparait à d'autres hommes. Forcément ce n'était pas un vrai mec parce qu'il ne voulait pas baiser tout le temps et qu'il ne bandait pas à volonté, il n'était pas assez viril. Il s'est mis à prendre du Viagra en cachette, pour être performant, pour tenir le rythme et être à la « hauteur ». Il a pensé au suicide. Il m'a raconté que, pour un homme, le sexe sous Viagra ce n'est pas pareil, les sensations sont comme étouffées, il avait l'impression d'être un robot, d'avoir un tube en acier à la place de la verge.

La sexualité patriarcale est destructrice pour les femmes, elle implique souvent absence de plaisir, oppression, honte. Mais si je critique la position classique des hommes hétérosexuels, leur manque de curiosité et d'écoute, leur violence, si ce sont essentiellement des femmes qui se sentent obligées de baiser alors qu'elles n'en ont pas envie (*gray zone sex*, sexualité sans désir et jusqu'au viol conjugal), je n'oublie pas que certaines femmes sont à la recherche d'un « homme, un vrai ». L'adulation des machos fait partie du problème. Je pense aussi à cette copine qui racontait son « coup d'un soir » avec un type et qui se plaignait parce qu'il n'avait pas pu bander, ça la mettait en colère, il y avait tromperie sur la marchandise. On trouve le même genre de remarque de la part de mecs qui n'ont pas eu « droit » à fellation, pénétration ou sodomie. Punaise, mais faire l'amour avec quelqu'un ne donne aucun droit à recevoir telle ou telle chose, on n'est pas au supermarché, punaise de crêpes au quartz. On se rendrait tous et toutes service en ne pensant pas la sexualité comme un parcours fléché.

Vous verrez, les témoignages qui suivent sont magnifiques et bouleversants. Moi, ils ne cessent de m'interroger. Par exemple, le fait que plusieurs femmes d'abord hétérosexuelles deviennent homosexuelles ou bisexuelles, ou ont une aventure avec une femme. (Dernièrement, dans le magasine *Society*, Virginie Despentes disait, peut-être avec un brin de provocation, que si l'opprobre social concernant l'homosexualité féminine disparaissait, dans 20 ans, une bonne partie des femmes seraient lesbiennes.) Il semblerait que le corps féminin, pour une femme, ne soit pas un interdit aussi puissant que le corps masculin pour un homme hétéro — mais c'est peut-être en partie une question de silence social prudent, beaucoup d'hommes hétéros n'oseraient pas dire qu'ils ont eu un « truc » ou en nourrissent le désir (masturbation, fellation, pénétration) avec un autre homme. Et je me demande si notre émancipation ne passera pas par une dilution de l'hétérosexualité masculine, quand les hommes abandonneront leur si caricaturale et délétère masculinité, leurs codes et leur morale rigides, et se permettront d'aller vers le corps d'autres hommes, par curiosité, désir, goût pour la découverte, sympathie, et qu'on n'entendra plus seulement Katy Perry chanter *I kissed a girl*, mais aussi Justin Timberlake chanter *I sucked a boy's earlob* et Adam Levine, *I gave him a butt massage*.

En l'état actuel des choses, les hommes, comme catégorie sociale, sont la principale cause de violence à l'égard des femmes, des enfants, des animaux, et d'eux-mêmes. Leur morale détruit la planète.

Il est urgent et vital de nous bouleverser et de tout bouleverser. Car au-delà des comportements individuels, c'est la société entière qu'il faut changer en même temps que nous changeons ce qui se passe dans nos chambres à coucher (ou sur le canapé, sur la machine à laver, dans la forêt...)

Tout est lié : la question de la pénétration, du clitoris, des hommes hétérosexuels, comme celle du temps de travail qui empiète sur nos vies affectives, des salaires moins élevés des femmes, de leur plus grande précarité, de nos difficultés d'existence matérielle, du congé paternité encore bien maigre et facultatif, des réunions organisées le soir, du capitalisme, du réchauffement climatique et du règne de la compétition et de la comparaison. Nos histoires de verge et de vagin sont intimement liées à l'histoire des structures politiques dans lesquelles nous vivons et on ne changera pas l'une sans l'autre. Il est temps que la sexualité soit le lieu de l'imagination et de la pensée. Et qu'on en parle. Avec délicatesse, en accueillant la parole de l'autre, ses belles bizarreries, ses impossibilités et ses désirs.

PROPOS SUR LA PÉNÉTRATION

Caresser la cassure, la parole
ce moment où personne ne me dit
à quoi je devrais ressembler
Marie-Andrée Gill

Cette société machiste m'a fait croire que faire l'amour, c'était la pénétration et, par extension, la jouissance masculine. Je croyais que c'était la seule chose qui définissait cette expression, et que cela procurait le même bonheur pour les deux parties. J'ai été tellement déçue lorsque je l'ai vécu la première fois. Les fois suivantes, je n'ai rien ressenti non plus. Cela ne me donnait de la sensation que lorsque mon partenaire me pénétrait avec les doigts, mais jamais au point d'en jouir.

Je me croyais anormale et cela m'a rongée pendant des mois, mais, en me renseignant sur le Net, je me suis rendu compte qu'énormément de femmes (et d'hommes) ne ressentaient pas de plaisir (juste) avec la pénétration vaginale et que « faire l'amour » avait autant de définitions

oh oui !!!

que d'individus sur cette planète. J'en voulais à notre société de m'avoir fait croire au mythe que la pénétration « classique » me permettrait d'atteindre le septième ciel.

Lire et écouter les témoignages de plein de femmes qui ont osé transgresser le tabou de la sexualité féminine m'a énormément apaisée. Je n'ai pas encore connu l'orgasme lors de rapports à deux (étant célibataire depuis quelques mois), mais je me dis que si je m'étais moins focalisée sur le fait d'absolument jouir par pénétration, seulement sur le fait d'apprécier l'instant, j'aurais pu l'atteindre sans souci.

Sonia Santi

✳

De toute façon dans la sexualité pour la majorité des personnes, il n'existe que la femme pénétrée et l'homme pénétrant, les bonnes mœurs ne voulant surtout pas entendre parler d'autres possibilités.

Dès le départ avec mon compagnon, il n'y avait pas forcément pénétration, nous avions tous les deux des gros besoins sexuels, et comme chacun sait (ou devrait savoir) une femme a plus d'endurance que les hommes. Donc, automatiquement, quand ça dure un peu longtemps il faut que le mec puisse recharger les batteries et, en attendant, on s'occupe autrement. C'est ainsi qu'a commencé notre vie sexuelle : avec ou sans pénétration, bien que cela se terminait souvent par ça. Nous avions vingt-cinq et trente ans, et nous avions vécu des choses tous les deux avant.

Depuis dix ans, j'ai une maladie rhumatismale et les coups de reins peuvent être particulièrement douloureux. Donc même si cela arrive encore, il est rare que je sois assez en forme pour cela. Ce n'est pas un manque, c'est juste une autre façon de faire l'amour. Si je suis en forme, la pénétration peut être un plaisir, mais je sais d'avance que je le paierai en douleurs et donc en surplus d'antidouleurs.

De toute façon, la pénétration vaginale n'est pas le plaisir le plus grand pour moi. Je dois avouer que j'aime la proximité qu'amène la pénétration (vaginale ou anale), mais le plaisir peut être aussi très intense sans. Mon partenaire m'a toujours accompagnée et soutenue.

Quand la maladie a débuté, ça a été ceinture quelques mois. Après avoir eu un traitement efficace et suffisamment d'antalgiques, les gestes sont revenus petit à petit. Ça a été long avant qu'il n'y ait pénétration (dix-huit mois au moins). Le but était de s'éclater physiquement et psychiquement.

Je trouve étonnant que la sexualité puisse être un sujet « caché ». Dans mon enfance, j'ai toujours entendu parler non pas de sexe, mais d'amour dont le sexe fait partie. J'en parle toujours avec ma mère. Je crois avoir parlé de ce sujet assez tôt aussi avec ma fille. Je me souviens de toutes les conneries que ma fille me rapportait des on-dit de ses copains et copines, je suis scandalisée par leur manque de connaissance. Quand ils veulent savoir, ils vont sur Internet et ressortent avec des idées telles que l'homme est au-dessus et il pénètre, et la femme est en dessous et est pénétrée. Ils ont une image complètement négative de la femme qui devient femme-objet, et de l'homme qui devient une femme en étant pénétré et donc un sous-homme.

J'ai une spondylarthropathie ankylosante stade III (sur III), doublée d'un rhumatisme psoriasique. Les différents traitements ont déclenché une neuropathie axonale bilatérale ainsi que de régulières uvéites. J'ai aussi un déficit de vitamine D dû à une déficience du foie. Cette carence amenant (entre autres) une fragilité osseuse. Mais en dehors de tout cela, je vais très bien, la vie est belle, les cigales chantent et le soleil brille.

V.

＊

Je suis une femme souffrant de vaginisme primaire (fermeture involontaire, douloureuse et incontrôlée du vagin lors de tentative de pénétration) et je n'arrive à insérer dans mon vagin que des tampons (en prenant mon temps).

Je présume que ce vaginisme vient du fait que je suis née avec une malformation au visage et que j'ai été souvent examinée sans consentement et de force. J'ai donc du mal avec toute introduction de corps étrangers en moi et je me ferme. J'ai beaucoup de mal à avaler des cachets et je prends mes médicaments sous forme buvable ou orodispersible.

Les examens gynécologiques sont souvent douloureux pour moi et me font très peur.

Je suis en couple avec mon compagnon depuis quinze ans et nous avons un enfant de trois ans. Notre sexualité est externe (merci le clitoris) et nous nous en contentons même si nous aimerions avoir une sexualité normale. Pour concevoir notre enfant, mon homme devait éjaculer dans un verre en plastique jetable et nous recueillions le sperme à l'aide d'une pipette fournie avec les sirops Doliprane pour enfant que nous désinfections à chaque fois (et réservée uniquement à cet effet).

Ma grossesse s'est déroulée sans soucis et n'a pas nécessité d'examens invasifs. J'ai accouché par césarienne en urgence, car mon enfant avait le cordon autour du cou donc mon vaginisme n'a pas gêné.

Ma sexualité me satisfait telle qu'elle est.

MARIE

*

Je ne suis pas spécialement contre la pénétration, au contraire, même. Disons que je ne l'étais pas depuis que j'étais amoureuse, vraiment, depuis que j'avais rencontré l'homme de ma vie, qui me donnait vraiment du plaisir, qui respectait vraiment mes envies, mes désirs, mon corps, qui me respectait, tout simplement, sans jamais « me forcer », mais peu à peu le corps se transforme. Un accouchement traumatisant pendant lequel j'ai failli mourir (j'ai encore des séquelles aujourd'hui). La peur, durant toute la grossesse, de perdre ce premier enfant dont nous rêvions tant, cette promesse de bonheur à trois, pour effacer nos passés douloureux. Des menaces de fausses couches tout au long de la grossesse, le corps qui s'affaiblit. Alors plus de rapport du tout, pendant neuf mois. Et plus. Car depuis la naissance de ce premier enfant, des saignements surviennent après chaque rapport. Difficile de retrouver du plaisir au début. Toujours l'angoisse de saigner. Des douleurs, aussi.

Puis le deuxième enfant, avec les mêmes craintes et les mêmes risques pour l'enfant et pour moi. Et les saignements qui continuent. Et toujours des douleurs aussi. Puis une autre maladie chronique qui se rajoute, provoquant des douleurs diffuses et permanentes. Tout est douloureux. Pas toujours, mais je suis devenue hypersensible pour tout, hyperfragile, tout le temps malade.

La pénétration est devenue pour moi une peur finalement. Car même si j'arrive malgré tout à avoir du plaisir grâce à la délicatesse de mon mari, j'ai toujours peur de saigner, peur de la douleur, presque aussi peur de la mort, quand on songe aux risques qu'une grossesse me ferait courir.

Cela pose un problème dans ma relation avec mon mari qui a toujours peur de me faire mal lui aussi, doit toujours faire très attention, ce n'est pas évident de son côté non plus.

Nous n'avons pas exploré d'autres voies, la pénétration — vaginale — restant malgré tout ce que nous préférons... Si ce n'est peut-être quelques caresses plus tendres, parfois érotiques, peut-être plus fréquentes à certaines périodes, je ne sais pas vraiment, en fait. Je dirais plutôt que nous nous en tenons à une fréquente abstinence, tout en appréciant peut-être plus, justement, ce qui nous est souvent « interdit », puisque ça devient rare.

E.

*

Quand elle me pénètre, sa main déverrouille un accès en moi dont je ne soupçonnais même pas l'existence. J'ouvre les yeux, les siens sont fermés. Je vois son plaisir avec l'évidence du mien.

Je tends le bras et la pénètre à mon tour. Plus elle se resserre autour de mes doigts, plus les siens, en moi, vont loin. Mon vagin se contracte juste avant le sien. Elle n'a toujours pas ouvert les yeux. Je ferme les miens.

EMMANUELLE PAGANO

✳

Je fais partie des femmes qui ressentent la pénétration comme essentielle à leur plaisir et épanouissement sexuel. La pénétration, au-delà du plaisir, c'est un apaisement, une chaleur dans le ventre que je porte des heures après. Cela me permet d'avoir aussi des orgasmes plus profonds. Ça se joue quasiment au niveau du col, on commence à évoquer le « deep spot » et ça me parle assez. Après, un missionnaire cadencé ne risque pas de faire grand effet. C'est délicat, ça en serait presque complexe (pression, position, taille). D'ailleurs le cycle joue énormément, sur les sensations et les envies.

Pour autant sans pénétration il m'est arrivé de ressentir énormément de tension sexuelle, et un plaisir plus « à fleur de peau », différent, mais fort. Un ami me donnait quasiment des orgasmes, à perdre totalement le contrôle, en effleurant puis embrassant mon cou. Sa main sur mon ventre me faisait un effet indescriptible. Et ça valait largement un orgasme lambda. Ainsi, certaines relations platoniques, mais sensuelles me laissent un souvenir bien plus... pénétrant.

Pour trouver « sa » sexualité, son plaisir, il faut parfois se déconditionner de tous les modes d'emplois et codes, des injonctions, qu'on nous assène, pour être simplement là, dans le respect de son propre corps, envies et sensations. Taire le bruit pour enfin être réellement avec soi, avec l'autre, s'écouter.

On peut ne pas aimer des choses qu'on est censé aimer. Typiquement pour moi, le cunnilingus, que je n'aime vraiment vraiment pas. Une tête entre mes jambes qui m'enduit de salive ça ne m'excite pas, et plus sérieusement les sensations ne sont simplement pas agréables pour moi, au mieux je m'ennuie. Ça n'a rien de grave, j'éprouve énormément de plaisir autrement (et faudrait-il préciser qu'il ne devrait pas y avoir non plus d'injonction au plaisir et à l'orgasme ?) Eh bien, ce n'était pas acceptable, je devais être « coincée », je ne pouvais pas être à l'aise avec mon corps, mon sexe, et ne pas aimer, de moi-même, des sensations données. J'ai dû endurer plusieurs partenaires tout excités à l'idée de me faire aimer ça, sûrement que les prédécesseurs ne savaient pas y faire. C'est l'idée qu'on sait mieux qu'une femme ce qu'elle va (ou qu'elle doit) aimer.

TANIA K.

*

Ça fait dix-huit ans que je suis marié à ma femme. Nous avons toujours eu une sexualité active, mais pas forcément débordante : une à deux fois par semaine. Les rapports étaient essentiellement rythmés par un cunnilingus, la plupart du temps jusqu'à l'orgasme de ma femme, puis par une pénétration plus ou moins longue, je n'ai jamais été très « endurant », d'où l'orgasme buccal, d'ailleurs elle l'atteignait assez rarement avec la pénétration.

Mais il y a environ trois ans, j'ai commencé à ressentir des douleurs dans la verge, même au repos. Une petite boule (invisible, mais dure au toucher) a poussé sur le dessus, vers le milieu. Les douleurs se sont intensifiées au fil des semaines, et je sentais ma verge qui se courbait progressivement vers le haut lors de mes érections. Au début c'était rigolo, et puis on s'est vite rendu compte que ça continuait à progresser au fil du temps. J'ai vu un urologue qui a tenté à de nombreuses reprises de percer et casser cette « plaque fibreuse » à grand renfort de piqûres directement dans la verge. Un régal.

Un jour, nous nous sommes rendus à l'évidence que mes érections étaient trop coudées pour que l'on puisse continuer à avoir des rapports avec pénétration. En gros, en plein milieu de mon sexe, ça part vers le haut à 70-80 °.

Je suis manifestement atteint de la maladie de Lapeyronie, comme 9 % des Français. Sauf que moi c'est un peu gênant, ça ne s'est pas arrêté.

Depuis ce temps, nous avons un peu réduit la fréquence de nos rapports à une fois par semaine, et ils consistent uniquement à des fellations/cunnilingus.

La seule solution envisageable serait une opération visant à remplacer mon corps caver-

neux par une prothèse qui s'activerait grâce
à un interrupteur situé dans mes bourses.
Je te laisse imaginer la légère crainte que je
peux ressentir en pensant à ça. Donc pour le
moment, je laisse filer. Je dirais que ça me va
tout de même en l'état, et à ma femme aussi
puisqu'elle n'a jamais vraiment été vaginale.
Bon j'ai envie de dire que ça fait un peu chier,
quand même. Et comme en plus je suis dia-
bétique, il semblerait que mes fonctions sexuelles pourraient diminuer jusqu'à disparition
complète vers mes cinquante ans. Je serai donc
probablement obligé de passer par l'opération
quoi qu'il arrive.

Jean-Bourrelet

Il m'a fallu une dizaine d'années pour comprendre et accepter que je n'aurai jamais d'orgasme par seule pénétration.

Et pour m'en foutre aussi.

J'ai longtemps pensé que j'avais une sexualité problématique, je cherchais le traumatisme
sexuel refoulé qui aurait pu en être à l'origine,
sans le trouver.

Je n'aimais pas trop la pénétration, elle ne me procurait pas vraiment de plaisir physique, elle était même très souvent un peu douloureuse (au moins au début de l'acte). Je n'ai jamais eu d'orgasme par pénétration vaginale.

Entre vingt et vingt-cinq ans, j'ai consulté des médecins au sujet de ces douleurs (un gynécologue m'a dit un jour : « Y'a pas grand-chose à faire, ça se détendra quand vous aurez eu un enfant » : il avait tort) qui m'empêchaient d'avoir une sexualité normale, c'est-à-dire dans mon esprit stupide et pas très féministe de jeune femme de vingt ans qui avait un peu lu Freud : de jouir par pénétration vaginale comme toute femme épanouie.

J'ai vu aussi une dermatologue vulvaire qui m'a dit : « Vous avez peut-être une mycose chronique » et m'a prescrit un traitement que je n'ai jamais pris, car j'essayais d'avoir un enfant.

Finalement, j'en ai appris bien plus grâce à Internet. J'ai lu plein de choses sur ces sujets, je connais les termes (vulvodynie, vestibulite, dyspareunie…), les symptômes, je sais à peu près me situer sur ce spectre.

Je pourrais aller voir d'autres médecins, demander un diagnostic précis, et tenter des thérapies qui pourraient éventuellement un jour arranger les choses, faire par exemple de la rééducation périnéale chez un kinésithérapeute (ce n'est pas comme si j'en avais déjà fait trente séances suite à mon accouchement…) Je pourrais me lancer dans ce long et laborieux parcours (sachant qu'on connaît mal les causes de ces maladies), c'est ce que me conseilleraient certainement les magazines féminins.

Mais j'ai décidé qu'en fait je m'en fous. J'ai un clitoris formidable, réactif, qui fonctionne très bien et me procure beaucoup de plaisir.

J'ai donc décidé d'être heureuse avec ce que j'ai et de ne pas chercher absolument, jusqu'à m'en filer des complexes, à avoir une sexualité qui me procure de toute façon moins de plaisir pour me sentir « normale ».

Avec mon partenaire, nous faisons l'amour avec nos doigts ou notre bouche, le plus souvent. Nous pouvons passer plusieurs mois sans pratiquer la pénétration, ça ne me manque pas du tout. Mais parfois j'en ressens l'envie, sans doute pour le plaisir symbolique que j'y trouve, et parce que j'ai envie de faire plaisir à mon compagnon, qui lui, aime réellement cette pratique. On utilise du lubrifiant, on s'arrête si c'est douloureux pour moi et, parfois, c'est pas mal.

C.

✳

Le bas anal n'est pas banal, et lorsque ma Dame m'introduit un doigt mouillé de salive ou de gel intime dans l'anus pendant que de l'autre main elle me masturbe, je m'élève et entre en lévitation dont je ne descends de sitôt, et ce parce que nous varions à l'infini les possibilités de plaisir et de jouissance ; ayant pour réticence pour ma part et pour l'instant, malgré les demandes de ma Dame, à être pénétré par un gode-ceinture, ce que, elle, elle aime utiliser pour exprimer sa part masculine, et peut-être ai-je encore cette réticence à assumer une part féminine importante en moi et parce que, voire, être sodomisé ne m'excite point, mais peut-être y viendrai-je, pour expérimenter un possible plaisir.

ELRIC PERTHUIS

✳

Je suis une femme de vingt-cinq ans. Je souffre de vaginisme. Je ressens du plaisir pendant les préliminaires, mais je me bloque à partir du moment où il y a pénétration : celle-ci est impossible. J'ai fait une IRM pour savoir si ce n'était pas l'endométriose, mais tout apparaît normal. Le blocage est donc psychologique. J'ai beaucoup de mal à m'exprimer sur le sujet auprès de professionnels, je pleure assez vite, par culpabilité je pense, mais aussi parce que la sexualité est un sujet assez tabou pour moi. La pénétration est pour moi synonyme de souffrance (douleurs) et d'angoisse. Mes partenaires ont toujours été tolérants, mais je pense qu'ils sont souvent dans l'incompréhension et dépourvus.

Ma compagne ne déteste pas la pénétration, mais elle préfère de loin les cunnilingus, c'est seulement là qu'elle a des orgasmes incroyables, j'ai donc évolué, je pars d'un postulat pro-pénétration, et ça a rendu notre sexualité plus riche en fait, de ne pas se focaliser sur la pénétration. Ça a été une découverte et ça va continuer. Et ça c'est le truc fabuleux de l'amour : ça te fait changer, ça change ton rapport à tes évidences, à ce que tu croyais intangible.

M.

*

Je pense que toute forme de sexualité est possible. Il m'est arrivé d'avoir des relations sexuelles sans pénétration pour une raison ou pour une autre.

La non-pénétration ne m'empêcherait pas de commencer quelque chose. Est-ce que la fellation est aussi considérée comme pénétration ? J'ai été avec des femmes qui refusaient la fellation, ce que j'acceptais sans souci, mais qui acceptaient la pénétration vaginale. C'est une banalité, mais j'aime la tendresse, les caresses, le partage. Ma dernière compagne dans une longue relation me disait souvent que j'étais un très bon caresseur.

Il m'est aussi arrivé qu'une de mes partenaires me pénètre analement avec un doigt. J'ai plutôt apprécié, mais me suis arrêté aux doigts.

Je dois dire que j'appréhenderais quelque

chose de plus gros et aurais peut-être l'impression d'une trop grande soumission ou que ce soit assimilé à une pratique homosexuelle, ce qui remettrait en cause mon hétérosexualité.

A.

*

Ma sexualité a commencé comme pour beaucoup de femmes par un abus, je me limiterai à préciser une pénétration forcée. Cela ne m'a donc pas permis de démarrer sereinement ma relation à la sexualité. Plus de trente ans plus tard, célibataire après avoir partagé ma vie avec plusieurs compagnons dont le père de ma fille de vingt et un an qui est aujourd'hui autonome, mon besoin de sexualité est assez important.

Ce besoin passe essentiellement par de la masturbation avec « quelquefois » pénétration vaginale et anale (plutôt simultanées) avec l'aide de godemichés « ordinaires ».

Pour compléter le tableau, je précise que j'ai un lymphœdème généralisé qui a trois conséquences sur la pénétration : la première est que je suis très lubrifiée et donc je n'ai jamais besoin d'utiliser d'artifice comme de la vaseline. La deuxième est que mes parties génitales sont « gonflées » par l'œdème ce qui semble être très agréable pour le « pénétrant » qui se trouve « très serré » par une paroi « moelleuse ». La troisième est qu'avec l'augmentation importante du lymphœdème, la pénétration vaginale provoque des saignements clairs, mais très importants (proche des saignements de virginité), ce qui est très embarrassant lorsque je suis en situation de rapport « éphémère ». Ça ne survient jamais en pénétration « artificielle » c'est-à-dire par godemiché.

Je n'utilise jamais de sex toys lorsque j'ai un rapport avec un homme.

J'ai constaté que l'orgasme ressenti est très différent lorsqu'il y a pénétration que lorsqu'il n'y en a pas. L'orgasme sans pénétration est beaucoup plus facile à obtenir, il permet par ailleurs d'obtenir un sommeil « serein », par contre il peut y avoir orgasme sans réel plaisir. L'orgasme avec pénétration est plus complexe à obtenir, mais il est plus profond, plus complet, il emporte la totalité du corps. C'est un orgasme qui comporte quasiment toujours du plaisir.

Lorsque je vivais avec le père de ma fille, durant onze ans, nous avions un rituel assez particulier, nous aimions dormir l'un dans l'autre, c'est-à-dire qu'il me pénétrait « sans acte sexuel » ou plus précisément « sans objectif sexuel » et nous nous endormions comme ça. Je ne me souviens pas qu'il y en ait un qui ait pris cette initiative, je pense que c'est vraiment quelque chose qui nous appartenait à tous les deux et qui nous apportait un plaisir « fin ».

Aujourd'hui, lorsque j'ai un rapport avec un homme, il y a toujours un moment où le besoin de pénétration devient absolu pour moi, pourtant, je suis assez souvent déçue, soit parce que l'acte est bâclé ou parce que l'acte devient fastidieux. Dans le dernier cas, je ne perçois plus d'autres solutions que la simulation pour essayer d'accélérer l'issue.

ROSEANNE

*

Je me souviens de Guillaume Dustan disant : « *Moi en tant qu'homo, je sais ce que c'est que d'être pénétré, donc je comprends mieux les femmes qu'un homme hétéro.* » J'avais trouvé ça hyper intéressant.

D'abord, je ne suis pas un homme, mais je connais un homme hétéro (mon ex-mari) qui adorait être pénétré et qui trouvait l'orgasme comme ça beaucoup plus puissant. Le problème, c'est qu'on ne peut faire ça sans quelque chose d'extérieur (ou un doigt) et que pour la partenaire, c'est très très compliqué et je trouve ça limite dégradant, et surtout, surtout : il n'y a aucune réciprocité.

Pour parler de mon corps maintenant, je dirais que la pénétration a longtemps été compliquée pour moi parce que j'ai été violée à treize ans. Et donc dès qu'un homme s'approchait de mon sexe, des alarmes se mettaient en marche dans mon cerveau : pas question de toucher !

Alors j'ai détourné le problème à mes dix-sept ans en rencontrant une femme dont je suis tombée amoureuse, et tout a été facile. Elle a été ma chance de vivre une histoire d'amour en dehors des hommes. Et un corps de femme n'a pas forcément vocation, pour moi, à être pénétré. Il peut l'être bien sûr, mais pour ma part, il faut une grande dose d'amour (plus que de désir sexuel) pour avoir cette envie-là. Donc, en résumé, je dirais que j'ai rencontré très peu d'hommes qui n'avaient pas pour objectif final la pénétration. Et même parfois des femmes, aussi bizarres que ça puisse paraître. Pour des femmes entre elles, je dirai que tout est possible, de même que des amis gays m'ont raconté aussi pour les hommes : la légende de l'actif et du passif est tenace, et pourtant elle ne correspond pas toujours à la sexualité entre hommes. Beaucoup d'hommes ne pratiquent pas la pénétration entre eux, mais surtout des caresses qui font jouir l'autre.

Et puis pourquoi parler de « pénétration de la femme » (ou de l'homme) ? Ce mot est lié à la douleur, limite torture. Le problème de fond me semble là. Pourquoi donc parler d'une femme « pénétrée » par un homme, alors qu'on pourrait aussi bien dire qu'elle « l'enveloppe ». Que c'est la femme qui fait l'action, et non l'inverse.

Il faudrait voir ce qu'est la jouissance de la femme. On sait bien que le clitoris n'est pas dans le vagin, et que beaucoup d'hommes ne savent pas vraiment ce qu'on peut en faire.

Quand on a de l'endométriose, maladie extrêmement douloureuse que j'ai aussi, la pénétration est une telle torture qu'on l'évite autant qu'on peut.

EMMA DELAUNAY

*

De mon point de vue, l'équité, l'altérité entre l'homme et la femme est une idée essentielle.

J'ai vécu pleinement seize années avec le même homme. Nous avions une telle connaissance de l'autre, qu'il était simple, et amusant d'offrir du plaisir à l'autre. Pour autant la pénétration était une finalité, comme jamais questionnée.

Après Pierre, j'ai fait la rencontre de dix-huit hommes. Pour moi cette période a été aussi curieuse que délicieuse, sorte d'anthropologie masculine (je le dis sans aucun cynisme). Un de ces hommes n'envisageait pas la pénétration comme centrale, deux étaient curieux de découvrir, échanger, discuter le plaisir que nous partagions. Nous avons beaucoup rigolé ! Et quinze avec lesquels j'étais dans « l'obligation » de gérer mes orgasmes. C'est peut-être cette maîtrise que l'on nomme chez la femme la « maturité sexuelle ». C'est bien dommage.

Aujourd'hui, je suis amoureuse d'une femme depuis six mois. Par Alix, j'ai réalisé que le genre n'était pas une question pour moi. J'ai le sentiment d'une grande liberté intellectuelle et sexuelle. D'être en accord avec mes convictions sociales et politiques.

J'aurais adoré que la question de la pénétration rentre dans le passionnant débat #metoo. Personnellement, j'adorerais que ce sujet ne soit plus un sujet alternatif.

Je critique la pénétration quand elle est pratiquée comme une finalité pour atteindre l'orgasme... avec le sentiment que la pénétration se fait trop souvent au détriment du plaisir féminin.

Nous pratiquons la pénétration avec Alix. J'aime la pénétrer ou être pénétrée. C'est un tout autre univers qui s'ouvre à moi beaucoup plus riche et nuancé que la pénétration avec un homme. Le prolongement d'un geste, la découverte d'un corps, l'observation minutieuse d'un clitoris, d'un vagin, d'une vulve à travers l'autre féminin, est époustouflant.   L.

＊

Je n'ai pas de soucis avec la pénétration dans ma sexualité avec autrui. Mais dans mon intimité personnelle, je ne me doigte pas ni n'introduis quoi que ce soit. J'aime la pénétration dans le partage, mais pas seule. C'est presque un tabou. Je n'en ai pas envie, je veux que ce soit quelqu'un d'autre qui le fasse. Ça rend ma masturbation souvent fugace.

J'ai des orgasmes en me masturbant, mais fugaces, comme quand tu as vraiment trop soif et que tu bois de l'eau chaude, ça n'étanche pas. Sinon j'ai de vrais orgasmes avec des partenaires. Mais inversement un orgasme avec pénétration fait un peu vide sans l'orgasme clitoridien.

*

J'ai trente-cinq ans, je suis (jusqu'à présent) hétérosexuel et j'aime être pénétré. Je ne sais pas exactement ni comment ni quand je m'en suis rendu compte. J'ai le sentiment d'avoir quasiment toujours été attiré par les relations anales. Que ce soit sur moi (en moi) ou sur (dans) ma partenaire. Je pense avoir commencé tout seul, lors de mes séances de masturbation. Mes premières partenaires n'étaient pas forcément très attirées par ça, ou alors je n'étais pas assez à l'aise pour ce genre d'explorations. Puis il y a quelques années, j'ai eu une amante très libérée avec qui j'ai pu tester la sodomie, ce qui était très plaisant pour tous les deux. Cela nous paraissait normal donc d'inverser les rôles. Elle avait quelques jouets, dont un avec lequel elle m'a pénétré. Cette relation n'a pas duré très longtemps, nous n'avons donc pas pu expérimenter plus avant.

Depuis, je n'avais plus eu d'autres occasions d'être pénétré par une femme, mais j'ai continué à pratiquer en solitaire.

Mais, plus récemment, j'ai rencontré une femme exceptionnelle, avec qui nous avons une vie sexuelle passionnante. Elle m'a offert le plaisir d'être le premier à la sodomiser, c'est donc tout naturellement que je me suis laissé pénétrer par elle. Cela me semble tellement normal d'être « à égalité » de ce point de vue, tant que faire se peut. Je viens de nous offrir un vibromasseur double, de forme courbe dont une partie, un peu plus large, s'insère dans le vagin de la femme et dont l'autre partie, plus affinée, sert à pénétrer l'homme (ou une compagne féminine pour les homos ou bisexuelles).

Cette pénétration, qui avait toujours été manuelle d'une certaine manière va enfin pouvoir devenir plus organique.

Nous n'avons pas encore eu l'occasion de le tester, mais j'attends ce moment avec une grande impatience. J'ai le sentiment que, grâce à ce jouet, nous pourrons enfin vivre notre sexualité sur un relatif pied d'égalité, et c'est extrêmement important pour moi, en plus du simple plaisir physique que la pénétration me procure. Je ne pense pas avoir d'orgasmes prostatiques... pas encore, mais qui sait ? Cela changera peut-être (sûrement). Je me considère féministe : je pense que ma sexualité est en lien avec mon positionnement politique (ou l'inverse).

Concernant la domination, c'est plus une domination de facto, à partir du moment où dans une relation « traditionnelle », la femme est pénétrée par l'homme et donc dans une position « plutôt passive ». Dans ma relation avec ma partenaire, il n'y a absolument aucun lien de domination d'aucune sorte. J'ai souvent trouvé la fellation légèrement « infériorisante » pour la femme par exemple (l'image classique de la femme à genoux devant l'homme, et qui se fait [encore] pénétrer), mais avec ma compagne je ne ressens absolument pas ça du tout, même dans cette position.   G.

*

À seize ans, j'étais hétérosexuel, cela allait de soi. Mais, lorsque je me suis retrouvé dans un lit avec une fille, il fallait être à la hauteur. Il fallait la pénétrer. Mais je me rendais compte qu'il était impossible de maîtriser le phallus. Et l'éjaculation précoce refroidit les virilités. Il m'est alors apparu que la pénétration était une obligation masculine, qui mettait un terme trop rapide à ce rapport sexuel, unique et absolu. J'ai commencé à découvrir le corps de la femme, sans le pénétrer, sans éjaculation dedans. C'est difficile, aussi, de dire à une fille : « Non, je ne te pénétrerai pas » lorsqu'elle le demande. J'avais compris que le phallus était un engin autonome. Je venais de comprendre qu'on se retrouvait autour de cet objet. Le désir phallique était un jeu à plusieurs, un jeu collectif, où chacun a la main à son tour.

J'ai désamorcé mes angoisses d'éjaculation précoce et de pénétration obligatoire (qui se réalisaient par une éjaculation précoce) en cessant de croire que la pénétration était une nécessité absolue.   O.

＊

J'ai découvert le plaisir de la pénétration assez tôt dans ma vie sexuelle. Au début, j'imagine, avec les doigts. Si j'ai mis un certain temps à l'accepter — et à le faire accepter —, je peux dire qu'aujourd'hui c'est une pratique régulière. Pour moi, il ne fait aucun doute que l'anus est une zone érogène et qu'être pénétré active des circuits de la récompense dans mon cerveau — même si c'est un peu bizarre quand on y pense… J'aime être pénétré par un ou une partenaire : il existe des harnais très agréables et plein de types de dildos qu'on peut commander pour pas cher aux Chinois — merci, les Chinois. J'aime pénétrer un·e partenaire qui m'a pénétré : c'est une belle symétrie, c'est égalitaire, on partage une vulnérabilité commune. Mais j'aime aussi le faire en solitaire pour une maîtrise parfaite de la situation. Parfois, je suis un peu triste en pensant à tous ces hommes qui n'ont pas découvert ce plaisir particulier — rien à voir avec l'orgasme/éjaculation, même si je crois savoir que certains hommes peuvent éjaculer sans autre stimulation qu'anale ; des femmes aussi. C'est quand même la classe. Je me demande aussi qu'est-ce que ça changerait politiquement dans la société si c'était plus courant. J'ai l'impression que ce serait plutôt pour le mieux. De façon générale, « nous les hommes », on gagnerait sans doute à être un peu plus diserts et ouverts avec notre sexualité.

M.

*

Je suis une femme cisgenre et je me suis interrogée sur la sexualité — la mienne bien sûr, mais aussi la sexualité en général depuis... toujours. Je continue à m'interroger.

J'ai longtemps eu une sexualité hétérosexuelle (jusqu'à trente ans), et j'aimais beaucoup beaucoup ça. J'aimais un homme, avec qui je suis restée sept ans, et faire l'amour avec lui me plaisait. Un truc qui me laisse toujours perplexe est que oui, j'aimais beaucoup la pénétration. Peut-être même plus que mon mec qui se demandait pourquoi j'aimais tellement ça et me rappelait qu'une sexualité sans pénétration était possible. En « devenant » lesbienne, j'ai découvert qu'il existait tout un tas de lesbiennes qui ne pratiquaient pas la pénétration, voire étaient contre. Bon. Moi, j'aime ça, et j'aime pénétrer ma partenaire si elle aime ça. Comme j'aimais pénétrer mon partenaire aussi d'ailleurs.

Pour moi, faire l'amour (ou baiser) est une expérience totale et considérer une zone comme interdite me semble absurde. Notre corps est là, il existe. Qu'il exulte de toutes parts !

Le plus important me semble être de donner à toutes et tous la capacité de s'approprier son propre plaisir. Il n'y a que comme ça que la sexualité peut être bonne, c'est-à-dire l'énorme plaisir qu'elle est supposée être, et un plaisir qui ne passe pas, jamais, par la domination voire la négation d'autrui. J'ai déjà couché avec un homme (certainement plusieurs, mais celui-ci me vient en tête) pour qui la pénétration était un but, le but, et mon « orgasme » comme un bon point pour lui, une preuve de sa virilité ou de son bon niveau en cul. Je me suis emmerdée. Et donc je suis partie, oui, rhabillée en pleine action. Voilà ce qui me semble important en fait, plutôt que de bannir la pénétration ou en vouloir à ceux qui estiment qu'il n'y a que là que ça se passe, apprendre à tou·te·s qu'on a droit au plaisir, soi, en étant femme, homme, autre, tout autant que son partenaire.

J'ai pénétré une fois une femme d'une façon qui m'a émerveillée absolument totalement. Très profondément, et j'en ai été époustouflée. Il y a un côté voix lactée, pénétration dans un domaine invisible, feu d'artifice. Une fonte des corps l'un dans l'autre. J'ai aussi pénétré un de mes partenaires masculins. J'aimais bien ça — avec quelques doigts, sans « instruments ». J'ai « bien » choisi mes partenaires (pas si nombreux finalement puisque je préférais les relations longues au nombre). Je ne les ai pas choisis consciemment, mais il se trouve que j'ai toujours été dans des relations longues avec des hommes vraiment féministes et vraiment « ouverts ». Juste des hommes pas collés à des images de « virilité » liée à des attributs du genre domination, on-ne-touche-pas-à-mon-trou-de-balle, « je ne suis pas doué pour la vaisselle ».

Je pourrais avoir une relation suivie avec une femme qui n'aimerait pas être pénétrée. Parce que là aussi, l'important me semble être la connaissance de son propre plaisir et celui de son ou sa partenaire. Je ne pourrais pas avoir de relation, je pense, avec une personne fétichiste, ou contre la pénétration par idéologie, parce que le fétichisme est trop étriqué pour moi et l'idéologie dans l'amour ou la baise (pour moi la différence est ténue, hein, voire inexistante) n'a pas sa place. Mais une femme qui n'aimerait juste pas être pénétrée, eh bien il y en a plein finalement. Et si elle aime le reste, le sexe, l'amour en général, et est prête à s'y amuser, alors d'accord.

Exercer sa liberté dans le sexe est hyper osé et dérangeant, encore aujourd'hui. (D'ailleurs je ne crois pas à cette idée qu'on est quand même plus ouverts aujourd'hui par rapport à avant.) J'allais ajouter : « Surtout quand on est une femme », mais en fait non, je ne crois pas. Surtout quand on est un être humain dans une société occidentale aujourd'hui. Je n'ai aucune idée de comment ça se passe du côté de l'Orient en général, en Asie, en Chine par exemple, au Japon ou en Iran. J'ai finalement l'impression que vivre cette liberté dans son activité sexuelle, dans sa vie sexuelle est le dernier tabou. Ou ce qui pourrait rester un tabou éternellement, même. Pour un homme autant que pour une femme. Un homme qui aimerait surtout se faire pénétrer, coucher avec son premier amour uniquement, un homme qui n'aime pas les pipes (j'en connais), un homme qui n'aime pas trop ça, le sexe, ou même, un truc fou : un homme qui n'aime pas particulièrement la pénétration ? Tabou. D'ailleurs je ne sais même pas si ça existe, c'est dire à quel point c'est un tabou. Quel homme oserait dire ça ?

Bref, une femme, pour parler de mon point de vue, qui aime le sexe, une femme qui aime la pénétration, ou qui n'aime pas trop ça, ou qui adore les hommes âgés, ou qui baise très peu parce que très peu la comble, ou qui aime son ou sa partenaire, mais préfère se satisfaire seule, etc. Tout ça en entend-on parler ? Pas trop, il me semble. La sexualité est comme un étendard à agiter pour démontrer à la fois son indépendance, mais aussi sa normalité, un truc qui classe (en femme ok, dangereuse, dérangeante, normale, affriolante, osée, hystérique, coincée, etc.), un truc qui garde à sa place.

✳

À première vue c'est un acte physique simple à décrire : l'emboîtement de deux corps au niveau de leurs parties génitales. Soit, pour moi, l'entrée d'un organe masculin dans mon organe féminin. Donc, savoir si je suis « pour » ou « contre » cette entrée de l'autre dans mon corps.

Eh bien, disons que ça dépend, parce qu'il y a pénétration et pénétration.

Depuis le temps que je pratique j'en ai connu de très différentes : des brutales, des douces, des lentes, des rapides, des conquérantes, des hésitantes, des acrobatiques, des académiques, des « excusez-moi de vous demander pardon », des « poussez-vous de là que je m'y mette ». Bref, autant de partenaires, autant de situations, autant de pénétrations.

Comment s'y retrouver ? Y avait-il un lien entre celles que j'avais aimées ? Un point commun entre celles dont je me serais volontiers passée ?

À force de chercher, j'ai fini par trouver. Pour moi, tout est une question de position.

Je n'aime pas trop la position du missionnaire assimilable à celui qui cherche à toute force à vous convertir, à vous dominer. J'aime encore moins la « levrette ». Les mots ont un sens et reconnaissez qu'être assimilée à une « petite chienne » n'est pas franchement agréable.

Bref, je suis contre les pénétrations qui me

rendent passive, qui me mettent en position d'infériorité, celle où je me sens dominée. Au contraire, j'aime être « dessus », comme dans « prendre le dessus », une position où je maîtrise, où c'est à moi de décider quand et comment se passe la chose.

En conclusion si je ne suis pas « contre » la pénétration, je suis plutôt pour une forme d'« autopénétration » avec, bien entendu, l'accord plein et entier de mon partenaire, condition préalable à toute forme de pénétration.

C.

＊

Je me souviens que j'avais vingt ans, aucune expérience ou presque, si ce n'est les nuits trop alcoolisées, où je finissais en embrassant doucement mon meilleur ami. J'ai croisé quelqu'un. Il avait vingt-sept ans. On a été ensemble pendant deux ans. Je me souviens de la façon dont il m'a pris mon corps, l'a contraint, immobilisé, manipulé, dépecé, et de tout le temps que j'ai mis à comprendre, et à partir. J'ai cru que les rapports amoureux étaient ainsi : entrer de force dans le corps d'un·e autre.

J'échouais à comprendre pourquoi les gens en redemandaient. Mais j'étais une femme, et les femmes n'aiment pas vraiment le sexe, tout le monde le sait. La fellation, « le ciment du couple », la pénétration, le passage obligé. Fin de l'histoire.

Je me souviens qu'après l'avoir, enfin, quitté, j'étais insatiable, brûlante, stupéfaite d'être vivante. Je voulais toucher tous les corps, sentir toutes les peaux, entendre toutes les voix. J'enchaînais les conquêtes et les histoires. Ce n'était plus violent, ce n'était pas très intéressant pour autant. Sans discussion, comme une évidence : s'embrasser, se déshabiller, se toucher quelques minutes, se faire pénétrer, attendre que mon partenaire d'un jour jouisse, s'endormir. Je me souviens que mon corps était cassé, comme une horloge qu'on ne peut plus remonter. Dans chaque geste se mélangeaient la douleur, le désir, les regrets. J'étais marquée au fer rouge, les corps masculins contre moi appuyaient sur la plaie à vif, me donnant envie de crier, trembler, gémir. Mais je ne pouvais pas m'arrêter, parce que c'était comme chuter, en étant sûr de ne jamais réussir à me relever.

Je me souviens être tombée, brièvement, très amoureuse, d'un homme qui m'a montré que mon corps était, aussi, un incroyable vecteur de plaisir. Ses yeux brillaient, sa peau rougissait, je le sentais en moi et je n'en avais jamais assez. Ce fut bref, étincelant.

Je me souviens avoir aimé des filles. Ma première amante était anglo-française, la première fois que je l'ai caressée avec mes doigts, j'avais extrêmement peur de lui faire mal, et ça me semblait très doux en même temps. Elle jouissait en murmurant en anglais.

Mais je ne voulais pas être cette personne qui devient lesbienne par dépit, pour éviter les hommes. Le temps avec elles devait être par désir ou amour, pas par défaut. J'aimais les filles, depuis mon adolescence, mais je les ai fuies, pour ne pas les utiliser comme des consolations.

Je me souviens du premier garçon avec qui j'ai été réellement en couple, six mois après avoir quitté mon violeur. Il avait des cheveux longs et chantait dans un groupe de métal, on regardait des documentaires sur l'Islande le dimanche matin.

Je lui ai dit que je ne voulais plus de sexualité pénétrative, que je voulais bien tout le reste, mais pas ça. C'est beaucoup tout le reste. Pourtant, ça ne suffisait pas. Je sentais sa frustration, son sentiment d'être privé d'un dû, qui flottait autour de nous, collé à nos peaux nues. Le soir où j'ai finalement accepté, il s'est autocongratulé : « Je t'ai guéri de ton viol. » Pourtant, je n'aimais pas plus ça qu'avant. Je voulais juste lui faire plaisir.

Je me souviens des années à serrer des dents, de la sensation d'être déchirée, écartelée, à chaque pénétration. Je me souviens du soulagement quand j'ai trouvé le mot « vaginisme » dans un livre. Il y avait enfin un mot sur mon étrangeté. Je me souviens d'une gynécologue, prétendument féministe. Elle m'a dit qu'il suffisait que je me « détende », j'ai compris qu'il faudrait que je guérisse toute seule.

Je me souviens de la première nuit avec l'un de mes amoureux actuels, de sa douceur, de la façon dont il a perçu, instinctivement, qu'il y avait un problème, sans que je le lui dise. C'était nouveau que quelqu'un s'inquiète, réellement, de me faire mal. Il m'a montré que la sexualité n'était pas tant une histoire de désir que de partage, qu'aucune pratique, fût-elle sacro-sainte comme la pénétration, n'était indispensable.

Et la douleur s'est mise à disparaître, lentement. J'ai commencé à tenir compte de ce que je vivais, ressentais, à refuser, à dire « Non, stop, arrête, doucement. » J'ai appris à prendre le temps d'accepter dans mon corps, le corps d'un autre. À arrêter de me battre contre le souvenir de violence qui reste inscrit dans ma peau, à l'écouter, à collaborer avec lui.

Cette histoire pourrait bien finir, mais, hélas, il y a un rebondissement.

Il y a quelques semaines, tandis que je m'endormais, l'un de mes amants s'est glissé dans mon lit. Il y avait, à nouveau, des mains qui me cassaient, un corps qui déchiquetait le mien.

Il a fallu tout reprendre depuis le début. Encore une fois. Tout est revenu décuplé, tranchant. Chaque contact avec le monde est douleur. La peur m'attend, tapie dans une ombre, transformant mes envies et mes joies en un gémissement.

Ça ira mieux un jour. Peut-être que j'arrêterai pour de bon d'avoir une sexualité avec des hommes. Peut être que les plus déconstruits d'entre eux passeront le mot aux autres, et que tous finiront par comprendre, enfin, que les gens autour d'eux ne sont pas des corps à prendre et à saisir, mais des êtres humains avec qui partager, échanger.

M.

*

Depuis mes premiers rapports sexuels, mon lien avec la pénétration n'a jamais été très positif. Je ne ressentais pas de plaisir et pensais que j'avais un problème, car j'ai toujours cru que faire l'amour signifiait se faire pénétrer pendant l'acte. J'ai donc pris une habitude de simuler pendant les rapports, ce qui m'a suivie de longues années. Au bout d'un moment je stressais avant les rapports, donc j'avais mal et je simulais encore plus pour que le partenaire vienne plus vite. J'avais des infections urinaires, mycoses, début de cancer. Le corps répond bien aux maux de l'âme.

Puis j'ai rencontré mon conjoint actuel. Un amour vraiment fort, sept ans de relation qui m'ont donné une vision de la sexualité différente, car je voulais avoir du plaisir. Les trois premières années, je n'ai rien fait de plus, au bout d'un moment je n'avais plus de désir et on allait dans le mur. J'ai donc commencé à parler, m'exprimer sur le fait que je n'aimais pas ça, que je simulais et donc n'étais pas moi-même, etc. Il s'est montré vraiment à l'écoute, je me suis sentie libérée, nous avons trouvé d'autres moyens pour me donner du plaisir et finalement j'ai renoué sexe et plaisir ! Depuis quatre ans, c'est de mieux en mieux et je redécouvre le plaisir de faire l'amour ! Et c'est moi qui ai finalement été redemandeuse de la pénétration, car plus centrée sur moi, les sensations étaient vraiment différentes. Je ne me sentais pas objet. Plus de douleurs, plus de maladies. Je pense que la pénétration est un don et qu'il faut être en accord avec soi-même, je pense aussi qu'elle n'est pas nécessaire pour accéder au plaisir ni indispensable pour un rapport serein et jouissif.

Aujourd'hui j'ai du plaisir avec la pénétration, mais il a fallu environ trois ans de relation pour y arriver et c'est un plaisir tendre, pas orgasmique, je n'ai pas d'orgasme avec la pénétration seule, je suis obligée d'avoir une stimulation clitoridienne en même temps. Sinon j'ai des orgasmes avec seulement la stimulation clitoridienne. Maintenant dès que je n'ai pas trop envie de pénétration je le dis et nous avons régulièrement des rapports sans. Et c'est super, car ça m'enlève la culpabilité ou le sentiment de « devoir ». Je prends beaucoup plus de plaisir à faire jouir mon homme sans qu'il me pénètre obligatoirement plutôt que de me forcer. Je me sens plus libre de décider.

Ce n'est pas avec la pénétration que j'ai le plus de plaisir, par contre elle peut y contribuer beaucoup. Je prends du plaisir à travers les caresses et la stimulation clitoridienne. Par contre la pénétration qui s'ajoute au bon moment de l'excitation donne un super combo. Pour moi c'est plus un complément, mais pas une normalité ou une fin en soi.

J.

*

Adolescent, j'ai perdu ma virginité à quinze ans, lors d'une fugue avec un garçon uniquement vêtu d'un préservatif jaune à la banane, c'est le genre de détail qui reste. À l'époque, il y avait une réticence motivée par la peur d'avoir mal, la peur des maladies (nourrie par tout ce que l'on pouvait entendre à cet âge-là). Je ne dérogeais pas à la règle, néanmoins, l'expérience faite je n'ai éprouvé ni souffrance, ni honte. Jeunes, les expériences (heures de vol et touche-pipi) homosexuelles étaient toujours teintées d'un feed-back honteux. La découverte de notre sexualité se faisait en secret dans des lieux isolés, clos et à l'abri des regards. Avec l'adolescence, l'idée de pénétration allait de pair avec celle du couple et de la confiance. Pour moi, c'était un signe d'abandon et d'abnégation, souvent assimilé à la honte. Cela demeurait une activité que tu réserves à la personne aimée (très layette tout ça, mais j'étais ado).

Je suis quelqu'un qui contrôle et être pris m'a enseigné un certain lâcher-prise. D'abord avec les conventions sociales, puis avec mon identité de "mec". Je découvrais qu'il y avait un pouvoir sous-jacent à se laisser prendre. Je ne saurais pas comment l'expliquer, mais je pourrais le comparer à l'ascendance que certaines femmes peuvent avoir sur certains hommes. J'ai connu le plaisir et la complicité (fusion) que cette pratique apporte. J'ai connu aussi ce que c'est de le subir, à cru, avec l'angoisse d'une erreur fatale. Je n'ai jamais connu la situation où deux personnes étaient en moi, mais cela demeure une idée excitante. Peut-être est-ce lié à l'idée d'être possédé au plus fort le temps d'une étreinte.

Pénétrer c'est autre chose : le souci de l'autre est plus grand. L'entrée en matière doit se passer sans douleur pour mener au plaisir, jusqu'à ce qu'on grimpe sur l'échelle de l'abandon. Il y a plusieurs jouissances, entre celui qui prend et celui qui est pris. En étant « passif », tu peux jouir certes, par le sexe, mais aussi sous les coups de butor de ton partenaire, plusieurs fois. Il y a aussi le ressenti de la performance, de l'endurance et les acrobaties. Je dirais que ce n'est pas le même rôle, même si on est « actif » et « passif », dans les faits, il y a toujours un rôle tacite que l'on prend, selon la posture que l'on adopte.

Il n'y a pas pénétration à chaque fois que j'ai un rapport sexuel, souvent pour des raisons de routine, de fatigue ou autre. Cela se limite à un ou des quickies, qui peuvent inclure massage prostatique. Je ne suis pas du tout toys qui, idéologiquement, me rebutent, même si je comprends quels mécanismes cela actionne, je trouve ça triste, car cela ramène la pénétration/fusion/domination à un plaisir solitaire, autosuffisant. Mais c'est complètement subjectif.

Par contre, des doigts et mains peuvent amener quelque chose de différent tout en étant similaires.

J'ai découvert ma sexualité en l'accompagnant de lectures telles que *La Vénus à la fourrure* de Sacher-Masoch et celle du marquis de Sade, et pour moi, il y a quelque chose de la domination. Il y a une ivresse à se donner, une rage à prendre. Jadis, pour les besoins d'une étude, j'avais collecté des photos de pénis sur les « chats » gay que j'associais avec des informations anonymes du profil (métiers, actif ou passif, âge, etc.) et je me rappelle avoir remarqué (sur un large panel d'images et d'informations) que les profils dont les métiers étaient à fortes responsabilités étaient plus « passifs » et que des occupations moins stressantes étaient plus « actifs ». Ça m'avait marqué.

Pour moi la sexualité n'est pas politique : c'est un exutoire et un espace de liberté. Qui n'est pas sans risques. Cette ivresse m'apporte un sentiment de plénitude.

M. R. V.

✳

Ma pauvre — c'est la réaction la plus fréquente lorsque je parle de mon « problème ». Pourtant ce n'est ni une maladie grave ni une maladie incurable. Mon problème c'est que je ne couche pas avec les garçons, car cela provoque des douleurs ou au mieux, rien du tout. Enfin, quand je dis que je ne couche pas, ce n'est pas vrai, il n'y a juste pas pénétration. Mais aujourd'hui, dans notre société, c'est synonyme de « ne rien faire » ou encore « abstinence ».

J'en ai parlé à quelques personnes en espérant trouver quelqu'un dans la même situation que moi sans succès. Et ces personnes me demandaient si cela avait toujours été comme ça, si j'étais allée voir un médecin...

Mais oui, ça a toujours été comme cela, depuis le début. Et après plusieurs copains et des dizaines de tentatives, j'avoue que j'abandonne l'idée d'un jour avoir du plaisir de cette manière. Je soupçonne que certains aient mis fin à notre relation en partie pour cette raison, mais je ne serai jamais sûre...

Concernant les médecins, j'ai posé la question à un gynécologue qui m'a à moitié rassurée en me disant : « Mais vous savez, il y a beaucoup de couples qui vivent sans le faire ! »

Cela n'a pas réussi à m'enlever cette sensation d'être bizarre, anormale, d'être privée d'une chose dont tous les autres profitaient.

Aujourd'hui, je suis en couple et mon « problème » n'est pas réglé. Cependant, je tente de trouver une raison psychologique à ce blocage via l'hypnose qu'une amie pratique. Mais nous sommes, malgré cela, très heureux et nous ne faisons pas « rien » ensemble.

Donc oui, on peut vivre sans la pénétration.

Le seul bémol étant ma libido quasi inexistante, mais j'aime en rire en disant à mon compagnon : « Mais tu sais, je pense que je suis juste un cran au-dessus dans l'évolution : ne plus être dépendant du sexe. »

J'espère que d'autres femmes se reconnaîtront là-dedans et se sentiront plus normales en lisant mon histoire.

L. G.

✳

J'étais en train de le sucer, installée entre ses jambes, avec goût, avec application, avec plaisir ; il a posé sa main sur mes cheveux et a fait gentiment remonter mon visage vers le sien, ma poitrine vers son torse, mon sexe vers son sexe. Peut-être voulait-il prendre mes seins dans ses mains, me chuchoter quelque chose à l'oreille ? « Viens, a-t-il dit, on va faire l'amour. »

Les premières fois, il ne bandait pas, cela ne me dérangeait pas, je voyais bien que son esprit et son corps avaient besoin de plus de temps que son désir. J'aimais prendre son sexe petit dans ma bouche, le sentir gonfler un peu, prendre confiance un peu, inoffensif. Il m'a fait jouir avec ses doigts à peine posés, légers, agiles, puis avec sa langue, et puis il a dit : « quand on fera vraiment l'amour... »

Un jour, j'avais mes règles, je n'avais pas envie d'être nue, je lui ai dit : « Installe-toi sur le canapé, je vais te sucer, c'est de cela que j'ai envie. » Il a fait des manières, puis il s'est laissé faire, il n'en revenait pas.

J'hésite longtemps à entrer en possession de ce livre. Je ne veux pas me le faire livrer lâchement par la poste, je ne parviens pas à le présenter au comptoir de mes libraires familiers. Je finis par l'acheter dans une anonyme grande surface du livre. Mais ensuite, comme il est tout petit, je le glisse dans mon sac à main, je le lis sans vergogne dans le métro, je m'amuse des regards de ceux qui déchiffrent son titre : *Pas dans le cul aujourd'hui*. J'ai l'impression d'éduquer les masses. Gloire à Jana Černá !

Je lui ai demandé s'il comptait utiliser du plastique. Il a répondu : « pour les pénétrations, oui », ce pluriel m'a plu, mais qu'il suggère aussi tout le reste.

Faut-il appeler un chat un chat ? Cela commence par des caresses. Cela peut finir par une caresse. Il suffit qu'elle soit tenace, un peu entêtée. Ce qui est bien, c'est qu'on peut caresser avec tout le corps. Avec tout le dehors et un peu du dedans du corps.

Et en amont encore il y a les regards. On dit « un regard pénétrant ». J'avais appris par cœur le poème de Verlaine : « Je fais souvent ce rêve étrange et pénétrant. » Je me demande quels sont tous les « où l'on peut entrer dans un être humain. » Sade disait : « Les filles bandent par l'oreille. » Je suis une fille incontestablement. J'ai besoin que le garçon me parle. Une voix aussi peut être pénétrante.

Une langue également, mais moins. Moins dure et moins grande. Moins que des doigts, des mains, moins qu'un sexe d'homme dur, je veux dire un sexe dur d'homme. Mais plus mouillée. Une langue à l'intérieur de l'oreille. Il n'y a pas de singulier qui tienne.

La pénétration ? Je me demande pourquoi elle obsède tant. Est-ce un imaginaire de la profondeur ? Une langue peut être pénétrante, mais un sexe de femme, non, un sexe d'homme mou, non. Je veux dire un sexe mou d'homme. Le monde exige-t-il des hommes durs et des hommes profonds ?

Il faut toujours boire à la source. Peut-être le fantasme pesant d'une étymologie fantastique, pénis et pénétration qui puiseraient à la même origine, *penitus* en latin signifiant « intérieur », profond, l'une serait alors la preuve de l'autre, la preuve de l'homme ?

L'homme de ce monde a-t-il tant besoin de preuve qu'il s'érige seul à pouvoir être pénétrant ? C'est bien connu, les filles sont superficielles, manquent de profondeur, des idiotes

Malheureusement, pénis vient de *pendeo*, « pendre ». La langue n'a pas fait le pénis pénétrant, elle l'a fait « chose qui pend ».

Pourtant, ne dit-on pas « avoir la langue bien pendue » ?

Les filles bandant par l'oreille, tout n'est pas perdu.   Éloïse Lièvre

*

Faire l'amour n'est une nécessité ni pour l'homme, ni pour la femme, ni pour personne. Je crois en revanche que c'en est une pour le couple. Pas parce que c'est bon, pas parce que c'est conforme à une norme, mais parce que c'est au creux de nos lits que nous montrons à l'autre notre capacité à lui faire confiance, à nous abandonner à lui, à elle. Dans le fond, ce que j'aime dans le sexe à deux, c'est précisément ressentir cet état d'abandon auprès de celle qui partage ma vie. J'aime les gestes et les mots qui disent cet abandon, les fesses qui se soulèvent pour laisser glisser une culotte ou un slip, des cuisses qui s'ouvrent pour inviter les mains, la bouche, le nez à toucher, à goûter, à sentir, un bassin qui avance pour suggérer aux doigts d'aller plus loin…

Je n'ai rien contre la pénétration, mais je ne la trouve intéressante, bonne pour de bon, que sous cette forme d'invitation et de partage. La pénétration est partout lorsque nous faisons l'amour, ma langue, mes doigts dans le sexe de ma femme, dans son anus, ses doigts dans le mien. Puis, uniquement si je m'y sens invité par un mot, par un geste, mon sexe dans le sien. C'est presque toujours le cas, mais je crois que je pourrais ressentir tout autant de joie à faire l'amour sans cette forme de communion-là.

Il m'arrive de me dire que cette pénétration de mon sexe dans le sien est une technique un peu archaïque que nous avons trouvée pour nous rassurer sur ma virilité, sur sa féminité. Elle et moi sommes bien trop pudiques pour nous exprimer librement sur le sexe en dehors de ces moments d'abandon. Nous en parlons peu, et presque jamais autrement que sous forme d'allusions complices, comme deux contrebandiers discrets.

Pourtant j'ai de plus en plus envie d'assumer le fait que je suis un homme qui aime être pénétré par sa femme, de revendiquer ce goût comme le signe que l'amour est bien un partage dans mon couple, que les rôles n'y sont pas figés, un peu comme dans une fête intime où les frontières que nous dessinons sans y penser autour de nos corps se déplacent et deviennent poreuses, laissant les corps se rapprocher jusqu'à l'effusion.

Dernière chose : nous avons eu, dans le passé, des sex toys, que nous utilisions à tour de rôle ou parfois en même temps. Nous ne nous en servons plus. La plupart sont des trucs à pile très périssables, pleins d'un plastique que nous essayons par ailleurs de laisser un peu moins envahir nos vies... Si je retombais sur un de ces objets oubliés dans un tiroir je n'aurais rien contre l'utiliser à nouveau, mais ça ne me manque pas, je crois que j'aime autant que nos peaux se touchent le plus possible.

J. J.

*

J'ai l'impression que la plupart du temps, dans les couples hétérosexuels, ce sont les hommes qui focalisent sur la pénétration et les femmes qui le font juste pour leur faire plaisir. Mais j'ai eu un échange intéressant avec un amoureux, et cette fois, c'est l'inverse qui s'est passé. Je trouvais ça pertinent à raconter, je te livre donc mon témoignage.

Le contexte : je m'appelle M., je suis une femme et j'ai trois amoureux, trois hommes. J'ai toujours beaucoup apprécié la pénétration (vaginale, et dans une moindre mesure anale) bien que cette pratique ne me procure jamais d'orgasme. J'aime la sensation d'être remplie, comblée, j'aime beaucoup, beaucoup, les coups de reins un peu bourrins. Et ça a toujours arrangé mes partenaires jusque-là.

Et puis, il y a deux semaines, un de mes amoureux m'a révélé qu'à chaque fois qu'on faisait l'amour, il angoissait à l'idée d'arriver à la phase pénétration. Ses propos m'ont étonnée, dans la mesure où il m'avait jusqu'alors pénétrée lors de 99 % de nos rapports, et qu'il avait toujours eu l'air de beaucoup apprécier — autant que moi ! Je lui ai demandé de m'expliquer cette angoisse, ou du moins de la définir un peu plus précisément, mais il n'a pas pu (su ?) me répondre. Il en est resté là : « quand je fais l'amour à une femme, ça m'angoisse de la pénétrer, mais une fois que c'est fait, je suis soulagé parce que c'est quand même agréable... malgré le préservatif. Mais avant, c'est toujours angoissant. »

Je lui ai alors proposé de ne plus jamais se forcer à me pénétrer et à toujours respecter ses envies et ses limites. Il m'a dit : « Mais tu adores ça... » et je lui ai répondu que désirs et attentes étaient deux choses différentes. Il m'avait lui-même donné cette « leçon » quelque temps plus tôt donc ça tombait bien. Il m'a remerciée.

Hier, on s'est revus pour la première fois depuis cette discussion. Je l'ai laissé mener la barque, je voulais le laisser prendre ses nouvelles marques, et j'étais curieuse de voir ce qu'il allait décider. Eh bien, pas de pénétration. On s'est mutuellement caressés, on a joui les yeux dans les yeux, on a fait l'amour quoi. Sans pénétration. C'était beau.

Alors je ne sais toujours pas ce qui l'angoisse là dedans, peut être une pression de performance ? J'espère qu'il se sentira assez à l'aise pour ne jamais plus s'imposer quoi que ce soit en matière de sexualité. Pour ma part, je découvre des pratiques et scénarios différents, c'est intéressant et très plaisant.

Je me demande ce qu'en pensent les autres hommes hétéros... Cette histoire a soulevé un véritable questionnement dans ma petite tête.

M.

∗

La rencontre de deux sexes féminins, c'est délicieux : pression, frottement des clitoris l'un contre l'autre, sexes mouillés, glissants... C'est renversant… Ce qui cloche le plus souvent dans les rapports hétérosexuels, ce n'est pas seulement que le sexe soit réduit à un acte principal (le coït vaginal) précédé de préliminaires (tout le reste…), c'est aussi cette sensation que l'homme veut « mener le jeu ». Quand on a fait l'amour avec des personnes des deux sexes, la différence est criante : c'est beaucoup plus libre entre personnes de même sexe, car on ne se sent pas obligé·e de jouer un rôle.

M. R.

✳

Aujourd'hui, dans ma vie sexuée, la pénétration en elle-même n'a plus rien d'extraordinaire, elle me semble trivialement génitale.

Mais quand j'étais plus jeune, je la désirais souvent. Et dans l'acte sexuel, je m'en satisfai-sais pleinement alors que je n'en jouissais que très rarement, voire jamais. Pourtant, je n'exigeais rien d'autre.

C'était, avec le recul, une sexualité conventionnelle. Il m'a fallu du temps et des partenaires bienveillants pour comprendre que la sexualité ne se résumait pas à la simple pénétration.

Vouloir pénétrer ou être pénétré, l'attendre, le provoquer, l'éviter, l'investir et le surinvestir, c'est un rituel social complexe. Je suis influencée par l'imaginaire collectif (films, Internet, romans, photos, etc.) qui est, lui, très basique, et définit ce que la sexualité doit être : l'homme prend et fait jouir la femme qui se pâme.

À tel point que, parfois, pour arriver à jouir quand je fais l'amour, je me visualise comme un homme qui pénètre, qui possède une femme. Cette image me vient si spontanément qu'à chaque fois ça me sidère.

Mon compagnon a une sexualité respectueuse, on a une complicité tranquille. Mais, s'il jouit vite et ne bande plus, ça me coupe dans mon envie et me frustre. Alors que je pourrais continuer dans les caresses et trouver mon plaisir sans problème. Mais ça ne correspond pas au schéma basique de possession : pour jouir, je dois être pénétrée.

Cette interdépendance ne vient que de moi, puisque mon compagnon ne m'impose pas ce schéma. Heureusement, avec le temps, je trouve petit à petit d'autres chemins. Se construire un chemin cognitif personnel est très long (pour le plaisir comme pour tout le reste).

La sexualité/pénétration est tellement présente dans notre société que la façon dont on vit ce désir ou non-désir dans son intimité me semble avoir un impact dans la vie sociale. Comme un complexe d'infériorité ou de supériorité dans son rapport à soi-même et aux autres.

Finalement, vouloir basiquement pénétrer ou être pénétré est censé être un acquis pour tou·te·s (selon son genre bien sûr), mais, heureusement, la diversité psychique des réponses à cette injonction est infinie.

A.

REMERCIEMENTS

Merci à Coline, pour ses lectures et ses conseils, pour l'amour, l'intelligence, l'art et la complicité, les combats menés côte à côte, les rires et les bonheurs.

Merci à Sandrine Bonini pour les dessins de la première édition, aux amies et aux copines et aux femmes croisées avec qui j'ai échangé. Merci à toutes celles et à tous ceux qui sont différent·e·s et ne pensent pas comme moi et ne baisent pas comme moi. Merci à Ludivine pour l'étude sur la sexualité en France (*Enquête sur la sexualité en France*, sous la direction de Nathalie Bajos et Michel Bozon). Je veux citer aussi l'autrice et chroniqueuse Maïa Mazaurette qui, dans *Le Monde* et ailleurs, déconstruit, avec grande intelligence et style, les clichés bien installés sur la sexualité et ouvre de joyeuses pistes à emprunter. Merci aux podcasts féministes, *Les Couilles sur la table* de Victoire Tuaillon, *Un Podcast à soi* de Charlotte Bienaimé, *Kiffe ta race* de Rokhaya Diallo et Grace Ly, et *Quoi de meuf* de Clémentine Gallot que je découvre ainsi que *La Poudre* de Lauren Bastide. Merci à Renée Greusard ; merci à Thomas Messias du podcast *Mansplaining*. Merci à tous·te·s les autres. Merci à toutes celles et à tous ceux qui œuvrent pour un monde plus juste et plus libre dans un pays encore trop fermé à l'expression des différences sexuelles, sociales, raciales, culturelles. Merci aux personnes qui ont témoigné, qu'elles soient dans ce livre ou non. Merci à Jeanne et Serge. Merci à Florence Dellerie de m'avoir parlé de contraception. Merci à Bini Adamczak et à son texte sur la circlusion (https ://www.revue-glad.org/1401). Merci aux autrices, scénaristes, metteuses en scènes et productrices de mots, de sons et d'images X qui travaillent à changer les représentations (Erika Lust, Olympe de G., avec Voxxx). Merci à toutes les autrices lues et écoutées, à celles déjà citées — et qui seront citées plus loin — et j'ajoute Simone de Beauvoir, Angela Davis, Emma

Goldman, Françoise Vergès, Virginie Despentes, Dorothy Allison, Violette Leduc, Ruby Hamad, Casez, Mia, Roxane Gay, Voltairine de Cleyre, Silvia Federici, Carol J. Adams (« *inequality is made tasty* »), Judith Butler, Mona Chollet, Reni Eddo-Lodge, Rebecca Solnit, Su naura Taylor, Mélanie Fazi, Eve Ensler, à toutes celles que je n'ai pas encore lues, à toutes les blogueuses, twitteuses, journalistes et instagrameuses et au magasine *Causette*. J'apprends grâce à vous. Merci à Greta Thunberg. Merci à Paul B. Preciado. Merci à Roxane Edouard.

Merci aux soutiens de Monstrograph, notre petit laboratoire d'édition : vous êtes les soleils des jours trop gris, vous êtes des bûches rougeoyantes qui nous réchauffent l'âme, vous êtes la salade de fruits des temps difficiles, vous êtes les étoiles filantes arc-en-cielesques des dimanches, les copeaux de caramel des jours de cafard, vous êtes les pommes d'amour au Tramadol et les cocktails qui se passagerclandestinent dans les anodines machines à café. Nous n'aurons sans doute jamais de Dundies, mais vous êtes là. Parce qu'il y a toutes ces Nuit tu me fais peur Nuit tu n'en finis pas, et nous avons besoin d'amour et de quelque chose de solide.

Nous avons besoin de mains et de sourires et de prendre des cafés en terrasse ou sur un canapé dans un antre cosy. Écrivez-nous. Les individus de l'espèce humaine perdent un temps considérable à ne pas se dire qu'ils s'apprécient. Rencontrer une personne ou en retrouver une, c'est être illuminé. Ne pas voir ces trésors que nous portons en chacun de nous, que l'autre porte en lui, est le drame de l'humanité.

Merci aux ciels du matin quand on ouvre la porte de la maison et aux oiseaux qui chantent. Merci aux insectes. Merci aux vagues, aux choux, au soja local, aux noix, aux graines de courges, aux lentilles corail, aux pommes fripées, aux mûres sauvages, aux ukulélés, aux guitares, aux calisthenics, aux pianos, aux jeux, aux bouteille en Inox, à la nutrition, à Ryan Murphy. Merci au vélo, beauté politique et impératif métaphysique, outil de libération et de liberté.

Je me rappelle que pour moi une des premières mentions du sexe sans pénétration était dans la série *Friends*.

Joey : « *My uncle Sal has a really big tongue.* »

Chandler : « *Isn't he the one with the really beautiful wife ?* »

Ce livre n'est pas un livre sur le cunnilingus. Disons qu'en termes de sexualité non pénétrative, c'est la forme la plus connue, mais bien sûr beaucoup d'autres choses sont possibles.

Comme je tigresse pas mal (j'ai voulu écrire « digresse », mais comme ce lapsus est joli je le laisse), autant continuer. Dire que j'ai découvert Audre Lorde à la fin de l'écriture de ce texte (*The master's tools will never dismantle the master's house, Uses of the erotic, Poetry is not a luxury*), les textes féministes devraient se trouver sur la table de nuit et dans le sac à dos de tous les hommes, ceux-ci devraient s'abonner aux podcasts, blogs et comptes twitter et instagram féministes. Le devoir d'une personne en situation de privilège (cela vaut pour les autres privilèges : de race, de classe, d'espèce, d'âge...) est d'apprendre des individus qui subissent des oppressions. On ne peut se contenter de soutenir vaguement les féministes : il faut écouter et il faut lire œuvres théoriques et artistiques.

On doit aussi participer à financer (si on a les moyens) les associations féministes de lutte contre le cyberharcèlement (ainsi Monstrograph a versé un peu d'argent à deux associations), de soutiens aux femmes battues et violées, rendre disponibles et accessibles les idées féministes (comme celle du salaire domestique, comme celle de l'importance des espaces non-mixtes) pour les gens qui ne lisent pas de livres théoriques ou qui n'y ont pas accès (énormément ne sont pas encore traduits et coûtent chers), voter, manifester, soutenir les militantes attaquées, les femmes harcelées au travail, ne pas mansplainer ni manspreader, ne pas ânonner #notallmen, accepter de nous remettre en cause, d'écouter et de nous taire. Et surtout : élever nos fils en alliés des filles et des femmes, les élever pour que cesse aussi cette tragédie pour les hommes qu'ils seront plus tard, car comme le dit bell hooks : « Le patriarcat exige des hommes qu'ils deviennent et restent des estropiés émotionnels. »

Je me rends compte que ces pages de remerciements sont prétexte à continuer le livre. Ok, j'avoue. Mais après tout c'est le bazar chez moi donc ça peut l'être aussi dans mes livres. Je viens de tomber sur un article sur Slate.fr de Daphnée Leportois qui parle des travaux d'une universitaire américaine, Emily Martin, autrice d'un article intitulé « The Egg and the Sperm : How Science Has Constructed a Romance Based on Stereotypical Male-Female Roles. » Elle rappelle que, contrairement à la pensée commune, le spermatozoïde ne pénètre pas l'ovule, ce n'est pas un vaillant guerrier qui conquiert une forteresse. Les représentations et discours scientifiques sont pleins de clichés sexistes (qui servent ensuite à faussement naturaliser des rapports sociaux de domination). Spermatozoïde et ovule sont tous les deux actifs. C'est une rencontre. Rien à voir avec l'imagerie pro-pénétration associée généralement aux rapports entre ovule et spermatozoïde. Décidément nos esprits sont prisonniers de vieux schémas dont il s'agit de joyeusement nous débarrasser.

Un truc me vient à l'esprit. Je viens de publier un article (https://www.actualitte.com/article/tribunes/les-auteurs-jeunesse-engages-contre-les-chatiments-corporels-aux-enfants/92762) sur la complaisance de notre pays vis-à-vis de la violence éducative (essentiellement physique, mais la violence psychologique devrait aussi nous mobiliser). Les enfants français reçoivent des gifles et des fessées. Ça change doucement. Mais les claques sont la norme. C'est le signe que notre pays va mal, qu'il est dur et doloriste, et qu'il fabrique des individus pour qui la violence sera pour toujours liée à l'amour. La question des violences faites aux enfants n'est pas étrangère au sujet de ce livre : quand on apprend aux enfants qu'il est normal de recevoir une baffe d'un être qu'il aime et qui l'aime, on prépare les futurs adultes non seulement à reproduire cette violence, mais aussi à l'accepter pour eux-mêmes dans leurs relations amoureuses et sexuelles. Ça devrait nous préoccuper. D'autant plus qu'il y a un lien entre le niveau des châtiments corporels dans un pays et celui des violences sexuelles.

Note : j'utilise parfois l'écriture inclusive et les accords de proximité dans ce livre, mais pas tout le temps. Pourquoi ? me demande Coline. Parce que c'est nouveau, que j'apprivoise cette forme, que j'oublie, que je me laissse une marge de manœuvre. Note dans la note : ce livre n'étant pas un livre universitaire, tout en essayant d'être inclusif, je parle essentiellement de mon point de vue d'homme hétérosexuel cis, mais bien sûr cela ne veut pas dire que je considère que c'est la seule réalité. Note dans la note dans la note : dernièrement je lisais un article, sans lien avec ce livre, mais quand même : il y était question de la manière dont, dans beaucoup de pays, les personnes se lavaient l'anus après avoir fait caca (désolé « aller à la selle » je ne peux pas) et combien notre manière de faire occidentale était polluante (en consommation d'eau et d'arbres) et peu hygiénique (et au fait : on peut facilement s'installer une douchette dans nos toilettes), sans doute parce que toucher l'anus, toucher son anus est vu comme une sorte de sacrilège dans notre culture. Ça me semble un sujet intéressant. Les peuples qui n'enlèvent pas leurs chaussures dans les maisons sont aussi ceux qui ne se lavent pas l'anus, mais l'essuient, j'y vois une passion pour la primauté des apparences : on ne montre pas les pieds, on ne se touche pas l'anus, signe d'un rapport triste et paradoxal à l'hygiène et de crispations concernant le corps.

Comme toujours je dédicace ce livre à toutes celles et à tous ceux qui prennent des coups et ne perdent pas leur douceur (et qui parfois la perdent) et qui ont des cœurs comme des océans. Je dédicace ce livre à celles et à ceux qui se battent pour changer ce monde et ce pays, pays dans lequel des enfants ont froid en hiver, dans lequel des personnes malades ne sont pas soignées et sont abandonnées, où les victimes de crimes sexistes et âgistes sont frappées, violées, tués, sans que notre société fasse grande chose pour changer ça. Je dédicace ce livre à celles et à ceux qui sont du côté de la douceur et de la bonté, de l'imagination et de l'enthousiasme.

Est-ce qu'on a déjà vu quelque chose de plus renversant que la gentillesse ?

Une pensée pour les hommes si mal éduqués et qui arrivent malgré tout à rejeter la violence et l'insensibilité qu'ils reçoivent en héritage. Une pensée pour les hommes qui travaillent à faire évoluer la masculinité et à la rendre plus libre, plus fantaisiste, plus ouverte, plus excentrique et drôle. Spéciale dédicace aux cuisinières et aux cuisiniers, aux inventeuses et inventeurs de gâteaux et de soupes. Punaise de barbe à papa de pissenlit, le monde serait triste sans vous.

Ce livre a été écrit un peu partout, mais en particulier dans notre maison en désordre, joyeusement encombrée de jouets, de livres et d'instruments de musique, dans des trains, des bibliothèques, au café Le Cardinal, à Angers, tanière chaleureuse et cosy (et très bon café), à l'hôtel Les Bateliers à Trélazé, à Orbey, et au Bdc, un bar étudiant d'Angers, à la médiathèque Toussaint. La relecture de cette nouvelle édition a eu lieu à Freiburg im Brisgau, Orbey, et dans des trains pour Provins (où j'anime des ateliers d'écriture avec des lycénes.ne.s et collégien.ne.s géniaux, grâce à la complicité de leurs fabuleux professeurs.)

Je pense souvent à la dédicace d'Eminem au début de *Rock Bottom* : *This song is dedicated to all the happy people / All the happy people who have real nice lives / And have no idea what it's like to be broke as fuck.*

J'ai écrit ce livre parce que je crois qu'on peut se parler, même si j'ai toujours eu du mal à parler aux autres, et bien sûr il y a des expériences personnelles et des positions sociales qui font que c'est compliqué de s'écouter (parfois c'est tellement désespérant que je trouve qu'on ne peut parler qu'avec les personnes qui ont vécu les mêmes malheurs et oppressions que nous ; mais résister à cette pensée et continuer), ce n'est pas l'évidence pour un homme et une femme de se parler, pour un riche et un pauvre, et je pense que ce n'est possible que si les personnes qui sont en position dominante reconnaissent leur privilège, laissent de l'espace aux autres, les écoutent et leur font confiance. J'apprends à me taire et à écouter. Et parfois j'apprends à ne surtout pas me taire et à couvrir le brouhaha de ceux qui veulent parler à ma place à propos des coups que les miens ont reçus.

Ce livre n'est pas dédicacé à toutes celles et à tous ceux qui n'en ont rien à battre de celles et de ceux qui ont froid l'hiver, des hommes, femmes et enfants mal soignés, mal nourris, mal logés, mal traités, frappés, et le prouvent par leur vote et leurs actions. Je suis quelqu'un de bienveillant et je déteste la polémique, mon cœur est grand ouvert comme La Halle aux Chaussures un jour de soldes, mais quand même : j'espère que votre égoïsme va achever de ronger votre âme pour vous rendre aussi minuscules qu'une crotte de coléoptère. Et si le paradis existe, j'espère que vous irez au paradis du céleri rémoulade.

NOTE SUR LA NOUVELLE ÉDITION. Il y a eu de belles surprises avec la première édition : des femmes le commandaient et le faisaient expédier à un homme (copain, amant ou ex). Un papa nous a écrit pour nous dire qu'il avait adoré le livre et qu'il commandait trois exemplaires supplémentaires pour ses enfants (deux fils et une fille) ados et jeunes adultes. Un de mes amis a acheté dix exemplaires du livre pour les distribuer autour de lui.

Les réactions ont été chaleureuses et bouleversantes. Il y a eu quelques retours négatifs de femmes qui, pour certaines, pensaient que mon plan secret était d'abolir la pénétration. Non non. Des réactions pas super bienveillantes d'autres femmes mais surtout d'hommes qui pensaient, après avoir lu le livre, que les femmes qui n'ont pas de plaisir par pénétration vaginale ont un problème ou ont subi un traumatisme ou ne sont pas tombées sur le bon mec. Punaise. Grosse fatigue devant le jugement de celles et de ceux qui ont tellement de mal à imaginer d'autres possibles et à écouter. J'ai reçu quelques plaintes de masculinistes sur les réseaux sociaux, et une insulte à caractère homophobe via la messagerie de mon site internet. Rien de grave, rien à voir avec la violence que subissent les féministes sur les réseaux. Quelques mecs (seulement des mecs) ont tenu à m'écrire pour me dire que mon livre ne leur avait strictement rien appris. Un jeune homme de 20 ans est venu me voir dans une librairie pour m'expliquer que j'avais tort (il venait de feuilleter mon livre).

Merci à Benoît du Nouvel Attila d'avoir pris la suite et d'être venu nous voir à Angers dans son hélicoptère plaqué or.

Merci aux libraires qui ont aimé et porté le livre (et pardon pour nos retards et notre manque d'organisation). Je veux citer en particulier Les Saisons (La Rochelle), Terre des livres (Lyon), Mollat (Bordeaux), Le Monte-en-l'air (Paris), Quai des brumes (Strasbourg), L'Ivraie (Douarnenez), L'Affranchie (Lille), Terra Nova (Toulouse), Basta ! (Lausanne), Les Bien-aimés (Nantes), L'Odeur du temps (Marseille), Richer (Angers), La Nuit des temps (Rennes), Tulitu (Bruxelles), Libertalia (Montreuil), La Licorne (Aubusson), Oui-Lire (Toulouse), Les Journées suspendues (Nice), Les Mots à la bouche (Paris), Librest (Paris), L'Hydre aux mille têtes (Marseille), La Vie devant soi (Nantes), Jonas (Paris), La Fleur qui pousse à l'intérieur (Dijon), Ouvrir l'œil (Lyon), Livre aux trésors (Liège), La Petite Égypte (Paris), Les Mo-dernes (Grenoble), La Plume vagabonde

(Paris), Le Marque Page (Quintin), Filigranes (Bruxelles).

Une question est revenue plusieurs fois. Pourquoi un homme hétérosexuel et cis a-t-il écrit ce livre ? Cette question est une triste question car cela montre qu'on n'attend pas grand-chose de cette catégorie sociale. Je peux dire ceci : j'ai écrit ce livre pour la même raison que j'ai écrit sur la cause animale : parce que j'ai vécu dans ma chair combien la norme est violente et destructrice. Mes origines et l'expérience de ma famille font que je ne peux qu'être en délicatesse avec la marche normale du monde. Il ne s'agit pas pour moi de me dire homme féministe, ce serait arrogant et inapproprié (lire à ce propos le *Nos amis et nous*, de Christine Delphy et regarder le speech *The Good Men* d'Hannah Gadsby). Mais parce que j'ai une histoire personnelle liée à d'autres oppressions, je peux sans doute plus facilement reconnaître une situation d'injustice et de violence sociale, et ainsi travailler à être un allié, ici un allié des féministes, ce qui signifie me remettre en question, comprendre qu'en tant qu'homme je bénéficie d'un privilège (ce n'est pas le seul), écouter et porter une voix joyeusement subversive. Le fait d'être un artiste et donc de vivre ma vie précaire de hauts et de bas, d'angoisses et de fragilité, doit aussi compter.

Pour finir, j'ai envie de citer ces mots de Larry Kramer, le co-fondateur d'Act Up, activiste contre le Sida et écrivain.

« *Can we afford to continue living under the tirany of beauty and muscles and big tits and big dicks and clonedom and youth ? Can we afford not to begin working hard together toward eroticizing intelligence, kindness, responsability, devotion, achievement, respect — skills and qualities that are far more sexy, far more lasting, and far more important for our survival than big pecs and biceps and a washboard stomach ?* »

Et en français : « Pouvons-nous nous permettre de continuer à vivre dans la tyrannie de la beauté, des muscles, des gros seins, des grosses bites, sous le règne des clones et de la jeunesse ? Pouvons-nous ne pas commencer à œuvrer ensemble à érotiser l'intelligence, la bonté, la responsabilité, le dévouement, l'accomplissement de soi, le respect — des capacités et des qualités bien plus sexy, durables et importantes pour notre survie que des gros pectoraux, des biceps et des abdos en tablette de chocolat ? »

NOTES SUR LA MUSIQUE

Et il y a la musique.

Parfois on est deux, parfois on est loin l'un de l'autre, parfois on est seul·e alors, comme le chante Pink, *When it's late at night and you're fast asleep / I let my fingers do the walking / I press record I become a fiend / And no one else is watching* (*I let my fingers do the walking*). Helena Noguerra (*Caresse-moi, j'adore ça*) et Camille (*Pleasure*) chantent la masturbation aussi. Bagarre avec *Diamant* propose quelque chose de franc et beau : *Index à l'envers / Comme un diamant au fond de moi / Majeur sur mes lèvres / Comme de l'amour au fond de moi*. Je n'ai pas trouvé de chansons d'hommes parlant de masturbation masculine. Ça ne doit pas faire assez dandy. Ils ont peur, les petits chéris, d'apparaître comme le pov' gars qui n'a pas pécho. Punaise d'encre de crinière de licorne. L'idée n'est pas de critiquer absolument les hommes hétérosexuels cis, mais quand même : d'infinies variations sont possibles, et nous sommes tellement collés au cliché. Merde délivrons-nous de nous-mêmes.

Je me rends compte combien les chanteuses sont à la pointe, subversives et avancées, alors que nous autres écrivain·e·s sommes très timides et conservateur·rice·s (et combien elles proposent des critiques de la domination masculine, ce qui est plus rare en littérature ; nous sommes quelques-uns à envisager et à désirer la littérature comme expérience d'émancipation, de plaisir et de combat, bien loin de la doxa d'un art classiste et fantasmé comme non politique). Dans mes romans, la sexualité est peu abordée (mes impulsions d'écriture ont débuté à une époque où la sexualité n'était pas présente dans ma vie et puis je suis un prude paradoxal), il faudrait que je trouve une manière folle et délicate de parler sexe dans un livre (je suis en train d'écrire un recueil intitulé *Légendes urbaines sexuelles*). Dans deux de mes romans, il y a des personnages lesbiens et un couple asexuel. Je me dis qu'on pourrait être moins timides et normatifs. Comme si Valerie Solanas et son *Scum Manifesto*, comme si Helen Zahavi, comme si tant d'autres, comme Monique Wittig, comme la romance féministe, n'avaient pas donné un peu de jeu et d'esprit critique à la norme sexuelle, comme si la communauté LGBTQI+ n'avait pas heureusement fait vaciller et transformé la réalité.

Note : un ami (merci Nes) me signale que dans les romans d'Elena Ferrante, il est question du peu de plaisir éprouvé par une femme lors de rapports avec pénétration. Alors que les scènes de sexe sont encore souvant navrantes et stéréotypées dans la plupart des romans.

Je ne connais pas de chansons ni de textes littéraires sur un couple hétérosexuel dans lequel la femme pénétrerait l'homme (en fait si : on vient de me aire découvrir « Le Grand secret », d'Indochine). Ni d'ailleurs de textes sur la masturbation mutuelle. Le cunnilingus est souvent cité dans les chansons, dans le rap, chez Madonna, Christina Aguilera, Liz Phair (*He's got a really big tongue*) et Goldfrapp (*Put your dirty angel face / Between my legs and knicker lace*).

Les chanteurs masculins, de Lou Reed à Leonard Cohen, en passant par pas mal de rappeurs, chantent volontiers le sexe oral, mais, tiens donc, jamais, oh jamais, le cunnilingus, faut pas déconner. Leur grand intérêt c'est la fellation, forcément, quelle originalité. Quelques exceptions : Lil Wayne (*Pussy Monster*) et surtout Prince qui évoque le cunnilingus dans une dizaine de chansons (comme dans *Come : Lickin' you inside, outside / All sides, up and down / (Come) / With my tongue in the crease, baby I go 'round / When I go down, down, down)*.

Les chanteuses françaises, à ma connaissance, ne parlent pas du cunnilingus. Peut-être pour ne pas vexer les fragiles hommes français et leur ego ? Ou bien est-ce trop scandaleux au pays toujours catholique de la soi-disant galanterie et du soi-disant libertinage ? Quant aux chanteurs français, ils en sont loin. La pression sociale en faveur de l'immobilisme et de la tradition est forte, nos artistes locaux sont encore sous la coupe de l'autocensure. La liberté d'expression, la création et la remise en cause de la norme sexuelle restent des combats à mener. Tu m'étonnes qu'on ait du mal à traduire *empowerment* (c'est le beau « empuissantement »).

Du même auteur

Littérature jeunesse

Le Garçon de toutes les couleurs, L'École des loisirs, 2008

Je suis un tremblement de terre, L'École des loisirs, 2009

Conversation avec un gâteau au chocolat, L'École des loisirs, 2010 (dessins d'Aude Picault)

Traité sur les miroirs pour faire apparaître les dragons, L'École des loisirs, 2010

Le Club des inadaptés, L'École des loisirs, 2011

La bataille contre mon lit, Le Baron Perché, 2012 (dessins de Sandrine Bonini)

Plus tard, je serai moi, Le Rouergue, 2013

Le Zoo des légumes, L'École des loisirs, 2013 (dessins de Sandrine Bonini)

La Folle Rencontre de Flora et Max (avec Coline Pierré), L'École des loisirs, 2015

La Recette des parents, Le Rouergue, 2016 (dessins de QuentinFaucompré)

La Première Fois que j'ai (un peu) changé le monde, Playbac, 2018

Les Nouvelles Vies de Flora et Max (avec Coline Pierré), L'École des loisirs, 2018

Le Permis d'être un enfant, Gallimard Jeunesse, 2019 (dessins de Ronan Badel)

Romans sous le pseudonyme de Pit Agarmen

La Nuit a dévoré le monde, Robert Laffont, 2012

La Revanche de Steve Jobs, Robert Laffont, 2012

Je suis un dragon (Dragongirl), Robert Laffont, 2015

LITTÉRATURE ADULTE

Comment je suis devenu stupide, Le Dilettante, 2001
Une parfaite journée parfaite, Mutine, 2002
La Libellule de ses huit ans, Le Dilettante, 2003
On s'habitue aux fins du monde, Le Dilettante, 2005
Peut-être une histoire d'amour, l'Olivier, 2008
La Disparition de Paris et sa renaissance en Afrique,
l'Olivier, 2010
La Mauvaise Habitude d'être soi, l'Olivier, 2010 (dessins
de Quentin Faucompré)
L'Apiculture selon Samuel Beckett, l'Olivier, 2013
Manuel d'écriture et de survie, le Seuil, 2014
L'Art de revenir à la vie, le Seuil, 2016
La Charité des pauvres à l'égard des riches, Les Éclairs,
2016 (dessins de Quentin Faucompré)
Les Animaux ne sont pas comestibles, Robert Laffont,
2017

BANDE DESSINÉE

Le Banc de touche, Vraoum/Wraoum, 2012 (dessins de
C. C. Fabre)

ÉDITION

Collection irraisonnée de préfaces à des livres fétiches,
avec Thomas B. Reverdy, Intervalles, 2009.

MONSTROGRAPH

Coline Pierré et moi avons créé Monstrograph en 2015 comme un refuge pour les textes refusés ou trop bizarres, c'est le lieu où nous mettons en œuvre des livres collectifs aussi (comme *Les Artistes ont-ils vraiment besoin de manger ?*) C'est sans doute plus un laboratoire qu'une maison d'édition.

Monstrograph est notre petite cabane dans un arbre (nous aurions d'ailleurs pu l'appeler ainsi : La cabane dans un arbre). C'est notre geste punk : faire ce qu'on veut avec nos moyens limités, hacker le système, faire des choses à la marge, en cachette, tout en continuant à bosser avec nos chères éditrices et éditeurs des maisons traditionnelles. Profiter des deux mondes, en somme.

Certains aspects du métier d'écrivain nous rapprochent des surfeurs : les chutes, les vagues qui nous tombent dessus, les requins qui rôdent, la précarité, les idiots qui nous disent « Prenez un vrai job ! » Ça évoque aussi les râteaux amoureux et sociaux qui nous rappellent que, souvent, on n'est pas désirable — mais du rejet, on fait de sacrées choses je crois, comme de notre non-désirabilité. Ce monde de l'art gentrifié est épuisant et un tantinet désespérant, mais c'est une expérience humaine commune, pas un truc propre aux artistes. Le monde résiste, il coince, et grogne si on le chatouille ou si on l'emmerde. Tout ça est très logique, on ne va pas jouer les étonnés. Pourquoi serait-on bien accueillis ? Les batailles font partie de l'histoire.

Pour être honnête, pour moi Monstrograph est aussi une manière bizarre, compliquée et pas forcément efficace de tenter de me faire aimer, et de dire : « Hey, je suis là, j'ai besoin de réassurance narcissique et de câ-lins. » Un projet part toujours de blessures et de manques. Comme j'ai été à côté de la plaque, revêche et membre du Club des ratées pendant très longtemps (cela ne veut pas dire que je suis devenu le contraire, je suis juste plus apaisé), il a fallu que j'invente mes propres fêtes et mes lumières, même si les balafres sont toujours là et que par-fois les blessures se réveillent.

Monstrograph a le statut d'association, les ventes ser-vent à imprimer d'autres livres. Nous ne gagnons rien pour nous avec ces livres. D'autant plus que nous avons fait des choix chers : des rabats, et surtout les livres sont cousus, garantie de qualité et de durabilité (la piètre qualité de fabrication de certains livres est vraiment une honte, tout comme l'absence de travail graphique). Nos premiers tirages sont riquiqui : entre cent et deux cents exemplaires (ce sont des livres qui se vendent au long cours). Nous emballons les livres et les portons à la poste. C'est artisanal et familial. Secret Book Club.

Nous nous en sortons parce qu'un financement par-ticipatif nous a offert une avance de trésorerie pour im-primer *Les Artistes ont-ils besoin de manger ?*, mais si nous avons du temps pour écrire des livres qui ne rappor-tent rien, et éditer des livres collectifs, c'est surtout parce que nous gagnons de l'argent par ailleurs, parce que des institutions culturelles nous payent pour des conférences (c'est le cas à la Maison de la Poésie à Paris, au Lieu unique à Nantes), parce que des écoles, des mairies et des col-lectivités nous payent pour des ateliers d'écriture et des rencontres, parce que nous nous produisons pour des lec-tures musicales et dessinées (dernièrement par exemple à Stereolux, à Nantes), parce que les maisons d'édition chez qui nous publions nous payent et nous versent des à-valoir et des droits, parce qu'un cabinet d'architectes m'a commandé des textes. C'est du bricolage. Et c'est un rappel : la création a besoin de financement.

Coline est la cofondatrice et la coéditrice de Monstrograph, elle fait sans doute plus pour notre maison d'édition que moi (c'est aussi elle la cheffe de fabrication). Je le précise, car nous avons eu des retours malheureux : certains considéraient que Monstrograph c'était uniquement moi, et invisibilisaient Coline. Quelles marionnettes de glaires purulentes. Je les abhorre. La violence sexiste est courante dans nos milieux soi-disant éduqués et cultivés (je retrouve ce sexisme dans la moindre importance accordée aux livres écrits par des femmes d'autant plus lorsqu'elles écrivent des livres vus comme peu virils, je pense à *Éloge des fins heureuses*, par exemple, dont j'ai pu voir combien il suscitait des réactions de mépris, mais aussi, heureusement, de la part des allié·e·s, d'amour et de sublime compréhension).

Ce nouveau Monstre est donc né dans notre laboratoire encombré de tasses de thé (du Long Jin rapporté par les passionnés de Postcard Teas ou n'importe quel thé de la Maison des Trois Thés), de café, de déca, de sobacha, d'hibiscus, de tisane, de lait végétal, de rooibos, d'instruments de musique, de livres, de factures.

Ce livre a eu une longue histoire : commencé il y a cinq ans et fini dans sa première version en avril 2018. Coline et moi avons mis les livres sous enveloppe et les portions à la poste. C'était sympa quand nous postions dix livres par semaine, très émouvant d'écrire le nom des lectrices et lecteurs sur les enveloppes. Mais à partir de cent exemplaires par semaine c'est devenu un peu la course.

À deux cents, ça a été la panique. Heureusement nous avons reçu l'aide de camarades pour mettre les livres sous enveloppe et écrire les adresses (merci à Christine, Jean-Baptiste, Sandrine, Suzanne...) La plupart des ventes se faisaient via notre site, mais des libraires nous écrivaient aussi pour passer les commandes de leurs clients, et des libraires allié·e·s nous ont commandé le livre en plusieurs exemplaires. Ça commençait à faire beaucoup à gérer. Clairement, nous ne nous en sortions pas. Nous avons créé Monstrograph pour proposer des livres qui ne se vendent pas. Notre credo c'est l'échec commercial, notre but c'est de trouver quelques lectrices et lecteurs qui sont des allié·e·s, presque une famille. Nous ne sommes pas faits pour gérer un succès. Ce n'est pas notre boulot, pas notre plan. Nous sommes des mavericks. Alors bien sûr à l'occasion de ce modeste succès, nous aurions pu faire le choix de nous professionnaliser, de transformer notre asso en entreprise, de nous payer, de publier plus de livres, mais nous sommes des écrivains avant tout, pas des éditeurs. Nous n'avons pas envie de changer.

Comme nous ne sommes pas maso et que nous tenons à nos soirées tranquilles, j'ai décidé qu'on allait arrêter de vendre ce livre. Et pour cela, il fallait trouver un éditeur pour prendre le relais, un éditeur passionné, un peu fou, inséré dans les circuits traditionnels de distribution. Ainsi, les gens pourraient facilement trouver le livre en librairie, ou le commander. Nous avons eu plusieurs propositions (plusieurs refus aussi) et notre choix s'est porté sur Le nouvel Attila (le fait que Benoît ait envoyé un hélicoptère pour nous conduire dans sa propriété à Hawaii nous a touchés, il nous a reçus en tout simplicité autour d'un déjeuner végane cuisiné par une cheffe étoilée).

N'hésitez pas à venir vers nous, à nous inviter à parler de nos livres dans votre librairie, bibliothèque, tripot clandestin, association, festival littéraire, alliance française, avant-programme d'un combat de MMA. Éditeurs étrangers, faites-nous signe. Si vous voulez créer une comédie musicale ou une pièce de théâtre sur la pénétration ou un autre sujet, écrivez-nous. Et chères lectrices et lecteurs, on adore quand vous nous écrivez de petits mots. On est souvent seuls dans cette aventure et sentir votre présence nous fait un bien fou. C'est très réel et chaleureux.

Mille mercis à celles et à ceux qui soutiennent, psychologiquement, politiquement et financièrement, les artistes et auteurs et autrices.

Livres parus chez Monstrograph
Tu vas rater ta vie et personne ne t'aimera jamais, 2015
If diseases were desserts, 2016
16 ways to get a boner, 2016
N'essayez pas de changer : le monde restera toujours votre ennemi (avec Coline Pierré), 2015
De la pluie, 2017, nouvelle édition 2019
Les Artistes ont-ils vraiment besoin de manger ?, collectif, collection Minute Papillon, coédité avec Coline Pierré, 2018

Livres à paraître
Les Artistes habitent-ils quelque part ?, Collectif, collection Minute Papillon, 2020
Poétique réjouissante du lubrifiant, Lou Sarabadzic, 2020
Pancakes au sirop d'érable et autres épiphanies littéraires, Julia Kerninon, 2020

Achevé d'imprimer n°53

Ce quatrième tirage d'un manifeste à donner la berlu
a été achevé d'imprimer le 1er octobre chez Floch,
à Mayenne, sous le regard complice de
Dolet Fabrication,
à 5 000 exemplaires, pour aiguiser
les attentes des lecteurs·rices de tout poil

isbn 978-2-37100-092-6
numéro d'éditeur 53
dépôt légal Hiver 2019
numéro d'imprimeur 96918